主编 赵欣　副主编 潘军　崔红艳

集团化办学背景下
大中小学思政课一体化建设
课例集

清华大学出版社

北京

内 容 简 介

本书注重系统性和整体性，将大中小学思政课作为一个整体进行规划和设计，实现各学段之间的有机衔接和协同配合；以多个大中小学思政课共同的课程主题为核心设计案例，在分析和总结中提炼出具有可操作性和推广价值的实施路径和策略；注重学段特色和衔接，在推进大中小学思政课一体化建设的过程中利用集团化办学的优势，根据不同学段学生的认知特点和教育目标，设计有机衔接的学段目标和教学内容。

图书在版编目（CIP）数据

集团化办学背景下大中小学思政课一体化建设课例集 / 赵欣主编 . -- 北京：清华大学出版社，2025. 5.（2025.11 重印）

ISBN 978-7-302-69162-4

Ⅰ . G641；G633.202

中国国家版本馆 CIP 数据核字第 2025H1T177 号

责任编辑：刘思含
封面设计：常雪影
责任校对：赵琳爽
责任印制：刘　菲

出版发行：清华大学出版社
　　　网　　　址：https://www.tup.com.cn，https://www.wqxuetang.com
　　　地　　　址：北京清华大学学研大厦 A 座　　　　邮　　　编：100084
　　　社 总 机：010-83470000　　　　　　　　　　　邮　　　购：010-62786544
　　　投稿与读者服务：010-62776969，c-service@tup.tsinghua.edu.cn
　　　质量反馈：010-62772015，zhiliang@tup.tsinghua.edu.cn
印　装　者：涿州市般润文化传播有限公司
经　　　销：全国新华书店
开　　　本：185mm×260mm　　　印　　张：9　　　字　　数：225 千字
版　　　次：2025 年 5 月第 1 版　　　　印　　次：2025 年 11 月第 2 次印刷
定　　　价：80.00 元

产品编号：112024-01

编 委 会

序 >>>

以"大思政课"为笔，绘就育人新画卷

大中小学思政课一体化建设是教育强国建设中一项非常重要的任务，是进一步深化教育综合改革的体现，也是实现思政引领力的重要基础。北京市海淀区委教育工作委员会（以下简称海淀区委教工委）、海淀区教育委员会（以下简称区教委）认真学习大中小学思政课一体化的重要意义，深入探索与研究，开展全面持续的实践，形成了具有普遍意义的教育教学经验与模式，在落实立德树人根本任务中取得了很好的成效。《集团化办学背景下大中小学思政课一体化建设课例集》一书则比较全面系统地反映了他们在大中小学思政课一体化建设中的思考与实践。

海淀区委教工委、区教委认真学习习近平总书记关于思政课建设的一系列重要论述，特别是把立德树人融入思想道德教育、文化知识教育、社会实践教育各环节，将思政课贯穿各级各类教育，形成全方位、全过程的育人格局的要求，深刻地认识到思政课是落实立德树人根本任务的关键，一体化作为有效提升思政课效果的重要形式，意味着不同学段的思政课内容不是简单的重复，而要根据学生的认知水平和成长规律，循序渐进、螺旋上升地合理制订教学计划、安排教学内容。

小学、中学、大学思政课内容和侧重点各有不同，但核心都是育人，育社会主义建设者和接班人，整个过程需要一脉相承。海淀区委教工委、区教委历来重视思政课一体化建设，2020 年在全国率先成立"大中小学思政课一体化"教研组，从课程、教学、评价、教师发展等方面探索新时代上好思政课的创新路径，着力推动思政课建设内涵式发展，探索具有时代特色的大中小学思政课一体化建设路径，先后成立了 24 个大中小学思政课一体化共同体，各个成员在思政课一体化建设中齐头并进。其中，北京理工大学和北京理工大学附属中学教育集团这一组早在 2021 年 6 月就启动"大中小学思政课一体化建设共建基地"建设，携手开启思政大课合作与发展新征程。他们积极开展大中小学思政课一体化实践研究，将思政教育贯穿于学校教育的各个阶段，实现不同学段德育目标的有机衔接和递进，培养学生的良好品德和行为习惯，促进学生全面发展。

在 2021 年，北京理工大学附属中学就将小学、初中学段的《道德与法治》教材、高中学段的《思想政治》教材进行了系统梳理，整理出了没有共产党就没有新中国、人民当家作主、依法治国、中华优秀传统文化、经济高质量发展、中国式现代化、科学家精神、

我爱你中国八个方面的主题教学内容，这些内容在小学、初中、高中乃至大学教材中都有涉及。因此，北京理工大学与北京理工大学附属中学协同合作，开展思政课一体化建设。例如，在"科学家精神"课例中，初中阶段讲述新时代科研故事，涵盖基础学科、前沿科技等领域，剖析科研中的挑战与突破，传递科学家精神；高中阶段深入探究科学家精神的内涵，如爱国情怀、创新精神、严谨治学态度等，结合近现代中国科学家的典型事迹，让学生理解科学家精神对国家发展的重大意义；大学阶段依托学校科创社团、实验室，鼓励学生参与科技创新大赛，在导师指导下开展课题研究，尝试将理论知识转化为创新成果，用实际行动诠释科学家精神。

思政课一体化课例群在当下的教育格局中占据着举足轻重的地位。首先，它是知识系统性传承的关键载体，以人民当家作主、没有共产党就没有新中国、依法治国等主题构建的课例群，如同一条坚韧的绳索，将不同学段零散的知识点串联起来。其次，课例群为思政教育的多元方法实践提供广阔舞台。最后，思政课一体化课例群具有强大的情感凝聚与价值引领功能。

依托课例群所形成的成果，具有指导性意义。其一，它为教师教学提供了标准化且精细化的参考范本。在知识传授方面，面对如"没有共产党就没有新中国"这般宏大主题，书中详细梳理了从小学到大学不同学段的课例设计，教师们依循书籍，能精准把握教学的梯度与深度，确保知识传递连贯精准，避免教学的随意性与盲目性，极大提升教学质量。其二，从教育资源均衡的角度看，此类书籍有助于缩小区域间思政教育差距。教育资源薄弱学校的教师缺乏交流机会、培训资源，在思政课教学上力不从心。一体化课例群书籍出版后，书中整合的前沿教学理念、多样教学方法以及丰富教学案例，可供他们直接借鉴。其三，在推动思政学科发展层面，一体化课例群书籍凝聚了众多教育者的心血，是思政教育实践成果的集中展示。它为后续研究提供了海量一手资料，研究者能借此深入分析不同学段思政教学的衔接问题、教学方法的有效性等，进一步优化思政课一体化建设，促使思政学科不断迈向新高度，为培养担当民族复兴大任的时代新人筑牢坚实根基。

大中小学思政课一体化建设本身是教育领域中一项具有先导意义的改革，是教育理论与实践的一次非常重要的创新。海淀区委教工委、区教委的探索与成果为这一重要的改革提供了非常有价值的经验与示范。我相信，该书以其深入的思考、系统化的制度安排、丰富有趣的课例，以及广泛的辐射影响力，一定能够为大中小学思政课一体化建设提供很有价值的参考，为教育强国建设发挥独特的海淀力量。

是为序。

谢维和

2025 年 4 月于清华园

目 录 >>>

第一章

价值引领，讲好大中小学思政课

第一节
一体化教学分析与设计

一、一体化教学分析

在中国共产党建党 100 周年的背景下，我们以"永远跟党走"为题同上一堂课，借助大中小学思政课一体化的契机，了解小学、初中、高中乃至大学的课程内容设定，将各个阶段的教学内容放置于纵向思想政治教育，让其成为思想政治教育体系的一环，而不是孤立地"单打独斗""各自为政"，每一环节都从零开始，使得党史教育和思想政治教育成为一个"螺旋式上升"的过程。没有共产党就没有新中国，小学阶段注重从故事讲述激发学生的情感认知。初中阶段以百年精神谱系为理论基础，从民族精神的学习中引导学生探究中国革命、建设和改革取得伟大成就的原因，理解没有共产党就没有新中国、就没有社会主义中国、就没有中国特色社会主义，从而实现课程目标。在高中思政课议题式教学设计中，无论是案例的选取，还是议题式教学的案例一体化设计都应该贯彻落实价值引领性原则。

（一）案例的选取：兼具深度和广度

在案例的选取上，其本身所蕴含的深度和广度是指案例材料本身就极具情感、态度、价值观方面的引领魅力，并且涉及经济、政治、文化、生活等在内的多领域视野。在思政课一体化的授课中，从小学、中学到大学，层层递进，由单一性向复杂性过渡。

小学阶段选取彝海结盟等长征故事，让学生讲故事、悟道理，将长征精神构筑到中国共产党人的精神谱系中。这一环节重点在"育情"，育的就是学生和中国共产党的情，就是学生发自内心的那份爱党、爱国之情。

初中阶段从鲁迅先生提出的"中国的脊梁"谈起，让学生结合自己的生活，谈谈所了解的哪些人物是"中国的脊梁",为什么称他们为"中国的脊梁"。从个别到一般,教师带领学生进行同质性归纳,形成对"中国的脊梁"精神内核的深刻思考,从而揭示中华民族精神的内涵。

高中阶段分析党为什么要"进京赶考"、考的是什么、是怎么考的,调动学生参与,引发学生兴趣,运用党的相关理论分析"赶考"的成绩,体悟中国经历了建国、兴国和强国的变迁。

大学阶段聚焦现实问题,实现历史性和时代性相统一。2020年12月8日,德国《每日镜报》发表了一篇标题为《中国的战狼》的报道,称多年来中国在世界各地的外交机构都很安静、很谨慎,而现在中国正实行所谓的"战狼外交"。之后,一些西方国家媒体和学者也频繁炒作这一概念。国内亦有网友称中国之前进行的是"羊性外交",现在国家强大了,要做"战狼",扬我国威。那么,中国是一匹具有攻击性的"战狼"吗?大学从大历史观的维度破解西方话语霸权,通过马克思主义唯物史观和辩证法解决学生困惑。

（二）案例的设计：价值引领

在高中思政课议题式教学中的案例一体化设计上,应该贯穿价值引领性原则。《普通高中思想政治课程标准（2017年版2020年修订）》指出,"学科核心素养是学科育人价值的集中体现,是学生通过学科学习而逐步形成的正确价值观、必备品格和关键能力"。因此,立足于案例一体化大方向的高中思政课议题式教学设计研究势在必行。学科知识、正确价值观、必备品格、关键能力这四者应在教学设计全程的起承转合中得以融汇实现。

小学阶段通过讲述红军在长征中的各种事迹,让学生体悟其中蕴藏的精神品质,从课堂探究中激发学生继承革命传统,弘扬长征精神,将爱党、爱国与自身成长结合在一起。由此观之,小学阶段更多的是让学生感悟长征精神。

初中通过对"中国的脊梁"的讨论与分享,让学生形成对"中国的脊梁"精神内核的深刻思考,理解中华民族精神的内涵;通过中国革命、建设和改革中的典型事件和对中国共产党人精神的对比分析,让学生感受民族精神中的力量。相较于小学,初中聚焦民族精神的内容,从感性认识上升到理性认识。

高中阶段强调科学认识各种政治力量的作用,运用历史唯物主义的基本观点和方法分析近代中国的问题,提升学生的辩证思维能力,明确人民群众是历史的主体,是历史的创造者;通过参观双清别墅的实践活动,让学生用理论联系实践,分析党为什么要"进京赶考"、考的是什么、是怎么考的,在实践活动中增长才干,坚持马克思主义的科学世界观。

大学通过讲述中国从世界舞台的边缘走向中央的故事,让学生全面认识中国共产党带领中国人民"站起来、富起来、强起来"的过程走的是和平发展道路;全面理解中国共产党在坚持和完善中国特色社会主义制度、推进国家治理体系和治理能力现代化的过程中开拓前行，为中国的长远未来作谋划，也将为世界和平稳定发展作出新的贡献；明确在世界处于大发展、大变革、大调整的背景下，中国将继续坚定奉行独立自主的和平外交政策。

从感性到理性，从大国到世界，案例的选取坚持价值性与知识性的统一，在情境中探究，在探究中领悟，在领悟中升华，坚定政治认同。

（三）案例的使用：启发性体验

"为了理解而教"是刘徽在其《大概念教学：素养导向的单元整体设计》一书中所倡导的重要理念。学生以获取学科知识为出发点，但更重要的是在真实案例情境中经历获得这些学科知识所必需的过程。学生像专家一样思考进而获得"启发性体验"，其最终获得的学科大概念经历了在真实案例中进行的"具体—抽象—具体"的过程，会变得更牢靠，更为学生自身所认同。学生更是在这个过程中，自然而然地不断发展自己的学科思维和学科核心素养。因此，案例一体化设计所追求的应是——在主体多元、素材丰富、兼具启发性与开放性的案例议学过程中，实现思维由具体到抽象，再由抽象到具体的迁移。

高中生在真实、复杂的案例情境下分析问题、解决问题，培养可迁移的思政学科核心素养，在议中学、在学中践真知、在实践中用真知。在课堂中，每个学生和教师都可以摆脱旁观者的身份，化身中心案例之中的"当事人"，经历"商议—争议—决议"等过程，形成新认知，完成学科大概念的提取与掌握。高中生回顾"进京赶考"的史实，通过中国近代史实证没有共产党就没有新中国，培养对中国共产党的认同感，厚植爱国主义情怀；通过中华人民共和国70多年发展史，体悟中国经历了建国、兴国和强国的变迁，明确中国共产党的初心和使命；通过回答时代之问，展现新青年的时代担当与责任，坚定理想信念。在这个过程中，中心案例的议学探究是开放的，所有的教师和学生可以充分讨论，具体剖析，得出结论。

党的十九届六中全会通过的《中共中央关于党的百年奋斗重大成就和历史经验的决议》指出："一百年来，党领导人民不懈奋斗、不断进取，成功开辟了实现中华民族伟大复兴的正确道路。"借助上述课例群，能够充分调动学生全方位的学习潜能，从多元维度助力"没有共产党就没有新中国"这一深刻认知在学生心底生根发芽，有力推动学生综合素质的发展与正确价值观的塑造。

二、大中小学思政课一体化教学设计

（一）一体化学习主题

没有共产党就没有新中国

（二）一体化教学设计说明

本课是在大中小学思政课一体化背景下所进行的一次教学实践探究。统筹推进大中小学思政课一体化建设是党中央深化新时代学校思想政治理论课改革创新的战略部署，是各级各类学校坚持立德树人、培育时代新人的重要工程，具有深刻的时代意蕴、丰富的价值内涵、科学的逻辑理路和鲜明的实践指向。

2021 年是我们伟大的中国共产党百年华诞，站在两个一百年的交汇点上，我们一定要引导学生增强国家认同。本课的设置基于三方面的要求：①《中国学生发展核心素养》中提出了国家认同。②《青少年法治教育大纲》中明确提出小学阶段要培育学生的国家观念。③《义务教育道德与法治课程标准（2022 年版）》中明确指出"了解中国共产党的成立以及中国共产党带领中国人民取得革命胜利的历史"，"激发热爱中国共产党的情感"。

（三）一体化学习目标与重难点

小学阶段的目标是引导学生热爱中国共产党、热爱祖国、热爱人民；初中阶段引导学生在爱党、爱国、爱人民的基础上，继承革命传统、弘扬民族精神；高中阶段要进一步引导学生拥护中国特色社会主义道路，增强民族自信心、自豪感。

本课的一体化学习目标是让学生理解没有共产党就没有新中国，坚定永远跟党走的信念。不同学段根据学科教材和学情特点，采用不同的教学资源、教学设计。

重点在于始终围绕"没有共产党就没有新中国"的核心命题，分学段递进深化。难点在于针对学生认知水平和时代特点，将政治话语转化为可感知、可思辨、可践行的教学内容。

（四）一体化整体教学思路（见图 1-1）

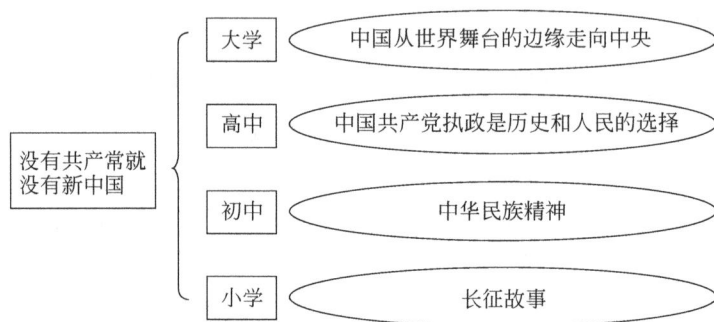

图 1-1　一体化整体教学思路

第二节

小学：没有共产党就没有新中国——红军不怕远征难

一、基本信息

教师姓名：韩硕

教师学校：北京理工大学附属中学

教学学段：小学

教学年级：五年级

教科书版本及章节：部编版《道德与法治》五下第三单元第9课

二、课时教学设计

（一）课题

没有共产党就没有新中国——红军不怕远征难

（二）课型

新授课

（三）教学内容分析

"红军不怕远征难"这一课既有国家认同教育的内容，也有革命传统教育的内容。本课讲述史实知识，同时在情感上通过长征这一伟大的历史事件培育学生对党的热爱和崇敬。

（四）学习者分析

本课授课对象是小学五年级学生，我通过课前访谈和调查问卷的方式对学生进行了解。在认知方面，我校学生有以下优势：① 我校十分重视党团队的传承教育，在校党委的领导组织下开展的"火炬行动"让党员、团员们进小学课堂讲党史、讲政治，坚守少先队的宣传阵地，引领少先队员成为合格的党员队伍后备军。② 我校开设党员知识讲堂，通过教师宣传，学生对党史相关的知识有所积累。③ 入队入团注重仪式教育，从情感上加深了学生对党和国家的认识。通过学情调研，我也发现了学生的不足。在认知方面，学生较难理解长征为何如此艰辛，容易将长征看作一个孤立的历史事件；在情感方面，虽然学生知道是中国共产党带领红军将士战胜了漫漫长征路上的各种艰难险阻，但是学生的爱党、敬党大多都只停留在表面，自身并没有深刻的感悟，在认知上也没有建立起自身与党和国家之间的联系。

（五）学习目标

（1）了解中国共产党的成立背景、关键事件及其对中国历史的影响，理解"没有共产党就没有新中国"。

（2）掌握红军长征的起因、路线、战役及艰难险阻，熟悉长征中的重要人物与事件。

（3）通过资料分析、视频观看、小组讨论，培养信息收集与分析能力，提升批判性思维。

（4）借助角色扮演、故事讲述，锻炼语言表达与团队协作能力，学会汲取历史精神。

（5）激发对党的崇敬与拥护，坚定跟党走的信念。

（6）体会长征精神，培养爱国情怀与奋斗精神，面对困难保持乐观，立志为中国梦贡献力量。

（六）学习重难点

学习重点：感受红军在长征途中不怕牺牲、不畏艰难、积极乐观的革命精神，培育敬仰、爱戴革命先辈的感情，生发出对党的无限崇敬之情。

学习难点：继承革命传统，弘扬长征精神，将爱党、爱国与自身成长结合在一起。

（七）学习评价设计（见表1-1）

表1-1　学习评价设计

评价内容	评价人（做到请画✓）			
	自己评	小组评	班级评	任课教师评
能够说出1~2个长征小故事				
能够正确画出长征路线图				
能够结合长征故事体会到其中的精神				

（八）学习活动设计

环节一：歌声中的"党"

教师活动1

（1）播放歌曲《没有共产党就没有新中国》，师生共唱。

（2）带领学生复习前课知识。

学生活动1

（1）全体合唱歌曲《没有共产党就没有新中国》。

（2）展示手抄报内容，回顾马克思列宁主义在中国的传播。

活动意图说明：通过歌曲，突出本课主题，回顾前课知识内容，为本课内容作铺垫。

环节二：画长征路线，感征途不易

教师活动 2

（1）组织学生根据资料，在地图上画出长征路线图。

（2）为学生展示长征时期敌我双方武器装备对比图。

（3）点明主题：在长征途中，我们没有天时，不占地利，但是我们有对的人，那就是中国共产党，正是因为有了党的领导，我们的战士才能一次又一次地创造奇迹。

学生活动 2

（1）绘制长征路线图。

（2）分享搜索到的资料，讲述长征途中的小故事。

（3）思考并回答：红军战士们在没有天时，不占地利的情况下，为什么还能取得长征的最终胜利？

活动意图说明：本环节采用学生分享课前搜集的资料、教师点评补充、学生感悟体会的螺旋上升的方式，将漫漫长征路的艰辛不易深入学生的内心，让学生从"红军不怕远征难"中建立"只有中国共产党才能领导中国"的情感纽带。

环节三：讲长征故事，悟长征精神

教师活动 3

（1）讲述"彝海结盟"的故事。

（2）播放抢险救灾过程中，党员冲锋在前的视频。

（3）总结：长征精神不论在何时何地，都在支撑、指引着我们克服困难。长征精神就是中国共产党人的精神。

学生活动 3

（1）讲述"飞夺泸定桥""一袋干粮"的故事。

（2）从故事中感悟、体会并写出自己所认为的"长征精神"。

（3）观看视频。

（4）回答：是什么样的精神让这些党员冲在了抢险救灾的最前线？

（5）感受长征精神就是中国共产党人的精神。

活动意图说明：将长征精神构筑到中国共产党人的精神谱系中。这一环节重点在"育情"，育的就是学生和中国共产党的情，就是学生发自内心的那份爱党、爱国之情。

环节四：传长征精神，永远跟党走

教师活动 4

（1）设置问题：习近平总书记在纪念红军长征胜利 80 周年大会上的讲话指出"每一代人都要走好自己的长征路"，作为少先队员们的你们，是党的后备军，又将如何"走好自己的长征路"呢?

（2）给出习近平总书记对少年儿童培养所提出的要求。回扣主题：我们要"听党话，跟党走"，因为没有共产党就没有新中国。

学生活动4

（1）表达自己的梦想，并在长征精神的指引和鼓舞下努力实现梦想。

（2）放飞"梦想纸飞机"。

活动意图说明：在孩子们的心中播种下"入党"这个种子。在这样的情怀下，让学生将长征精神和个人的成长结合起来，将党的光辉形象和自身的品德修为结合起来，这也是本课的现实意义所在。

（九）板书设计（见图1-2）

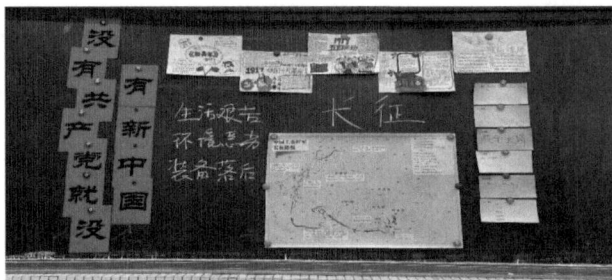

图1-2　板书设计

（十）作业与拓展学习设计

（1）完成课堂学习评价表。

（2）全班集体阅读《红星照耀中国》，将"梦想纸飞机"作为书签使用。

（十一）特色学习资源分析、技术手段应用说明

本课是在"没有共产党就没有新中国"这个主题下所进行的大中小学思政课一体化的教学探索。思政课一体化有着鲜明的育人要求，小学阶段，针对学生的学段特点，在课程上应该有的放矢，突出小学思政课的特色和韵味。小学阶段重在启蒙道德情感，所以从情感入手，以情动人，抓住小学生感性认知的特点，有了情才会认理，有了情也会通理。

本课的教学内容基于课程教材，同时整合单元内容。多种资源互相补充，有利于扩大学生的知识容量。

作为一名道德与法治教师，将伟大的中国共产党党史、辉煌的国家发展史准确、生动地教给学生是我的初心也是我的本职；同时，在大中小学思政课一体化的育人目标下，为党育人，为国育才，更是我的教育使命。

（十二）教学反思与改进

（1）课堂教学内容可以更加丰富，以便更好地调动学生情绪。

（2）教学资源的使用可以更加丰富，比如通过电影片段、书籍摘录等方式，让学生更加切身地体会党史。

（3）教学方式可以更加灵活，比如通过课外家长访谈、学生互访等方法增加课堂的灵活性。

第三节
初中：高扬民族精神

一、基本信息

教师姓名：高静

教师学校：北京理工大学附属中学

教学学段：初中

教学年级：九年级

教科书版本及章节：部编版《道德与法治》九上第三单元第五课第二节

二、课时教学设计

（一）课题

高扬民族精神

（二）课型

复习课

（三）教学内容分析

民族精神是一个民族的"魂魄"，随着中国共产党领导的中国革命、建设、改革事业的不断推进，中华民族精神不断丰富和发展，构筑起中国共产党精神谱系，具有重要的时代价值。学习中华民族精神，能够让学生进一步理解中国共产党人为中国人民谋幸福、为中华民族谋复兴的初心和使命，充分认识没有共产党就没有新中国，中国共产党是我们事业的坚强领导核心，坚定永远跟党走的信念。

（四）学习者分析

学生有较好的关注时政和思考的习惯（课堂"时事播报"）；有中国近代史知识储备（初

二历史课、学校党史学习教育、党团队"火炬行动");思维比较活跃,对政治学科有浓厚的兴趣,能够积极参与课堂;有一定的分析、概括能力,但仍需练习和培养。

(五)学习目标

(1)通过对"中国的脊梁"的讨论和分享,形成对"中国的脊梁"精神内核的深刻思考,理解中华民族精神的内涵。

(2)通过了解中国共产党领导的中国革命、建设和改革中的典型事件和对中国共产党人精神的对比分析,感受中华民族精神凝聚各族人民的强大力量;理解没有共产党就没有新中国、就没有社会主义中国、就没有中国特色社会主义,坚定永远跟党走的信念。

(3)通过思考交流,懂得如何结合实际传承和弘扬民族精神。

(六)学习重难点

学习重点:理解中国共产党是民族精神的实践者和弘扬者,在中国共产党的领导下,民族精神发挥了巨大的纽带作用,将各族人民紧紧联系在一起,中华民族实现了从站起来、富起来到强起来的伟大飞跃。

学习难点:结合民族精神的具体表现、比较熟悉的典型事件,深刻理解没有共产党就没有新中国。

(七)学习评价设计

(1)从课堂师生互动问答中,考查学生的知识积累、学习态度、课堂参与、语言表达等,运用激励性语言鼓励学生积极参与课堂。

(2)从课堂小组探究任务"不同精神的对比分析"中,考查学生民族精神基础知识的获得、知识的分析概括能力以及小组合作能力,通过训练引导、归纳总结,培养学生的政治认同、分析概括能力。

(3)从课后任务完成中,考查学生对课堂知识的理解和输出能力,通过作业的展示和交流,提升学生的情感认知,让其学会以实际行动弘扬民族精神,永远跟党走。

(八)学习活动设计

环节一:话说中国脊梁,思考精神内核,感悟民族精神

教师活动1

(1)展示鲁迅先生在《中国人失掉自信力了吗》一文中关于"中国的脊梁"的经典语句。提出设问1:举例说明什么样的人物才是"中国的脊梁",为什么这些人被称为"中国的脊梁"?学生回答的同时,教师用板书记录和分析要点。

(2)提出设问2:如果聚焦"一群人",还能发现中华民族的哪些优秀品质?展示抗战、抗美援朝、女排等的图片。学生回答的同时,教师用板书记录和分析要点。

（3）提出设问 3：中华民族精神的内涵、核心是什么？根据学生的回答情况予以评价、补充。

（4）教师用 PPT 展示核心知识：中华民族精神的内涵。提出设问 4：除了"中华民族精神"，同学们还了解哪些精神呢？过渡到环节二。

学生活动 1

（1）阅读鲁迅先生的经典语句，根据已有的知识积累，回答教师提出的设问 1。

（2）结合 PPT，根据教师提示，思考并回答设问 2。

（3）根据板书内容，概括中华民族精神的内涵、核心。

（4）简要回答设问 4。

活动意图说明：从鲁迅先生提出的"中国的脊梁"谈起，引导学生运用所学知识，举例说明什么样的人物才是"中国的脊梁"、为什么称他们为"中国的脊梁"。学生回答的人物有可能比较集中或人物类型比较单一，教师要及时补充。

学生讨论分享、借助板书进行同质性归纳，形成对"中国的脊梁"精神内核的深刻思考，从而揭示中华民族精神的内涵，引出课题。

环节二：讲述伟大实践，凝练精神内涵，思考时代价值

教师活动 2

（1）发布小组探究任务：不同时期的伟大实践精神及其意义。

（2）带领学生聚焦新民主主义革命时期的伟大实践精神及其意义。

（3）带领学生聚焦社会主义革命和建设时期的伟大实践精神及其意义。选择社会主义革命和建设时期的典型事件——中国共产党领导的"两弹一星"科技攻坚，探讨其时代价值。

（4）带领学生聚焦改革开放以来的伟大实践精神及其意义。选择改革开放时期的典型事件——中国共产党领导的"脱贫攻坚"，播放视频，引导学生思考为什么脱贫攻坚能够取得全面胜利。

（5）展示 2020 年习近平总书记点赞过的精神。

学生活动 2

（1）小组围绕任务进行合作探究。

（2）围绕新民主主义革命时期，进行互动交流学习。理解没有共产党就没有新中国，没有井冈山精神、长征精神、抗战精神等精神的凝聚和感召，中国革命难以取得胜利。

（3）围绕社会主义革命和建设时期，进行互动交流学习。理解大庆精神、雷锋精神、焦裕禄精神等推动社会主义建设取得巨大成就。

（4）围绕改革开放以来的时期，进行互动交流学习。观看视频，思考脱贫攻坚取得胜利的原因。理解抗震救灾精神、载人航天精神等对中国特色社会主义事业的重要意义。

（5）了解、学习 2020 年习近平总书记点赞过的精神。

活动意图说明：通过了解中国共产党领导的中国革命、建设和改革中的典型事件及其蕴含的精神，感受中华民族精神凝聚各族人民的强大力量，同时为环节三作铺垫。

环节三：围绕不同精神，小组合作探究，提升思想认知

教师活动 3

（1）展示、解读小组合作探究任务。走近学生，观察任务完成情况，予以指导。

（2）聆听学生展示探究成果。

（3）根据学生展示，逐条梳理给出正确答案。

学生活动 3

（1）根据课堂知识积累，进行小组合作探究，完成任务表格。

（2）交流、展示探究成果。

（3）根据教师讲解，完善探究成果。

活动意图说明：在完成小组任务的过程中，将民族精神的相关知识进行整理；根据提示探究四种精神的共同点，在小组汇报交流中，深化对民族精神的时代价值和"中国共产党是民族精神的实践者和弘扬者"的理解。

环节四：唱响经典《在灿烂阳光下》，升华情感，坚定永远跟党走的信念

教师活动 4

（1）播放歌曲视频《在灿烂阳光下》，回望党的百年风华。

（2）提出设问：中国革命、建设、改革为什么能取得伟大胜利和辉煌成就？根据学生回答，补充、完善，培养学生多角度思考问题的能力。

（3）展示《人民日报》重磅宣言文章《社会主义没有辜负中国》《中国没有辜负社会主义》，供学生课后拓展学习。

学生活动 4

（1）观看视频、哼唱歌曲，感受歌词含义和中国共产党带领中国革命、建设、改革取得的辉煌成就。

（2）思考、回答问题。

活动意图说明：通过设问互动，引导学生全面思考中国革命、建设、改革取得伟大成就的原因，培养学生多角度思考问题的能力，得出核心结论。一是，中国共产党是我们国家的领导核心，没有共产党就没有新中国、就没有社会主义中国、就没有中国特色社会主义。二是，在百年征程中，中国共产党带领中国人民不懈奋斗，形成了一系列伟大精神，这些伟大精神为中国革命、建设、改革提供了强大的精神支柱、不竭的奋斗动力，将全国各族人民紧紧团结在一起，中国实现了从站起来、富起来到强起来的伟大飞跃。在建立知识、情感认知的基础上，带领学生共同唱响经典，将音乐课堂的美育成果与思政课堂的德育成果相结合，实现情感升华，让学生坚定没有共产党就没有新中国、永远跟党走的信念。

环节五：辨析阐释观点，高扬民族精神

教师活动5

（1）展示观点：当前，我国坚持以经济建设为中心，弘扬民族精神是可有可无的事。请学生进行辨析。在学生回答的基础上，引导学生从国际形象、国际竞争的角度思考民族精神的价值：有没有高昂的民族精神，已经成为衡量一个国家综合国力强弱的重要尺度。

（2）提出设问：作为青少年，我们应该如何传承和弘扬民族精神？

（3）安排课后任务

（4）进行课堂小结。

学生活动5

（1）思考、辨析，进一步阐释观点。根据教师提示，丰富对中华民族精神价值的认识和理解。

（2）思考并回答问题。

（3）明确课后任务，按要求完成。

活动意图说明：通过观点辨析，明确高扬民族精神的重要性，提出问题"作为青少年，我们应该如何传承和弘扬民族精神？"，在交流互动中，让学生懂得如何结合实际弘扬民族精神（坚持党的领导、努力学习提升综合素质、践行社会主义核心价值观等）。同时，留下课后任务，让学生将感性的口头表达转化为理性的文字输出，呼吁学生自觉传承和弘扬民族精神，创造精彩人生，实现人生价值。最后，进行课堂小结。

（九）板书设计（见图1-3）

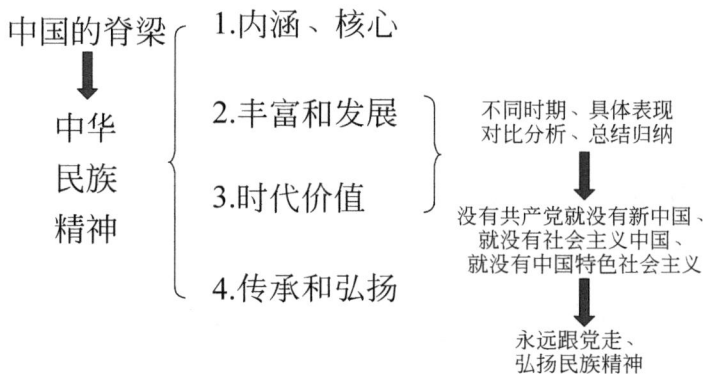

图 1-3　板书设计

（十）作业与拓展学习设计

完成以下作业（三选一），下堂课进行展示交流。

（1）以"致敬中国脊梁 弘扬民族精神"为题，结合课堂所学，写一篇不少于200字的小短文。

（2）学校拟开展"红领巾寻访红色印记"活动，请推荐一处"红色印记"，写一段不少于200字的介绍词及寻访意义。

（3）围绕课堂补充知识：2020年习近平总书记点赞过的精神、《人民日报》社论。

（十一）特色学习资源分析、技术手段应用说明

在教学环节四中，运用学习强国歌曲视频《在灿烂阳光下》，将音乐课堂的美育成果与思政课堂的德育成果相结合，进行情感升华。

（十二）教学反思与改进

教学设计的环节和内容较多，在教学环节一耗时过多，可以进一步优化。

通过与个别学生面对面交流了解学情的方式有一定局限性，可以通过问卷调查等方式，全面了解和把握学情。

第四节
高中：中国共产党执政是历史和人民的选择

一、基本信息

教师姓名：李伟伟

教师学校：北京理工大学附属中学

教学学段：高中

教学年级：高一

教科书版本及章节：部编版《思想政治 必修3 政治与法治》第一单元

二、课时教学设计

（一）课题

没有共产党就没有新中国——中国共产党执政是历史和人民的选择

（二）课型

学科实践活动课

（三）教学内容分析

（1）引述《中华人民共和国宪法》序言，说明没有中国共产党就没有新中国，阐明中

国共产党成为执政党的必然性。

（2）引述《中国共产党章程》规定，明确党的性质、宗旨和指导思想。

（3）理解坚持党领导一切工作的意义，阐述中国共产党依宪执政、依法执政的道理、方式和表现。

本单元的内容有严谨的内在逻辑。本单元紧紧围绕"中国共产党的领导"，阐述中国共产党执政是如何成为历史的必然和人民的选择的；中国共产党为什么能够实现对中国革命、建设和改革的领导；中国共产党作为执政党是如何不负历史和人民的选择，通过加强自身建设实现、巩固对中国的全面领导的。

（四）学习者分析

学生在必修1中已经学习过近代中国的基本国情和主要矛盾、无数仁人志士拯救旧中国的各种尝试等相关知识，且在必修3第一单元中已经学习了中国共产党的相关知识，对于党的理论有所掌握。更重要的是通过历史逻辑以及现实逻辑，让学生认清中国共产党的领导和执政地位是历史和人民的正确选择。在期中考试后，学校组织高一年级进行实践活动，参观了双清别墅等地点，学生了解了"进京赶考"的故事。

（五）学习目标

回顾"进京赶考"的史实，通过中国近代史实证没有共产党就没有新中国，培养对中国共产党的认同感，厚植爱国主义情怀；通过中华人民共和国70多年发展史，体悟中国经历了建国、兴国和强国的变迁，明确为中国人民谋幸福、为中华民族谋复兴是中国共产党人的初心和使命；通过回答时代之问，展现新青年的时代担当与责任，坚定理想信念。

科学认识各种政治力量的作用，运用历史唯物主义的基本观点和方法分析近代中国的问题，提升辩证思维能力，明确人民群众是历史的主体，是历史的创造者；通过参观双清别墅的实践活动，用理论联系实践，分析党为什么要"进京赶考"、考的是什么、是怎么考的，在实践活动中增长才干；通过对"进京赶考"的分析，能够坚持马克思主义的科学世界观，能够做出正确的价值判断和行为选择。

（六）学习重难点

学习重点：党的性质、宗旨、初心使命、执政理念等。

学习难点：理解中国共产党执政既是历史的必然，也是人民的选择。

（七）学习评价设计（见表1-2）

表1-2　学习评价设计

环　节	评　价　内　容	评　价　方　式
环节一	学生能否通过香山活动照片关联历史情境，初步感知"进京赶考"的象征意义	课堂观察：学生回答的积极性与准确性（如能否说出"进京赶考"的历史背景）

环　节	评　价　内　容	评　价　方　式
环节二	学生能否结合《将革命进行到底》等文献，论证党的执政是历史与人民的选择	学案分析：检查学案中文献摘录的批注与问题回答质量（如是否从阶级立场、人民利益角度分析）
环节三	学生能否通过材料搜集与汇报，得出"进京赶考"的核心是"全面执政能力"这一结论	小组汇报评分：从材料丰富性、逻辑严谨性、结论准确性三个维度打分（如是否引用西柏坡会议、七届二中全会内容）
环节四	学生能否从视频中归纳党在不同阶段的执政成就，并运用党的理论（如群众路线、自我革命）解释成功原因	课堂问答记录＋课后小论文：观察学生回答的深度（如是否提及脱贫攻坚、科技创新）；评价论文的理论运用与案例匹配度
环节五	学生能否结合现实（如新时代的挑战）提出对"赶考精神"的理解，并表达践行信念	开放式作业："我的赶考宣言"（从学习、社会责任等角度），评价学生的情感态度与价值观内化程度

（八）学习活动设计

环节一：议题导入

教师活动 1

展示香山活动的照片，切入"进京赶考"的内容。

学生活动 1

观看、思考、回答问题。

活动意图说明：切入主题，激发学生兴趣；渲染气氛，引发学生共鸣。

环节二：为什么要"进京赶考"

教师活动 2

依据《将革命进行到底》《新年文告》等相关文献，分析为什么要"进京赶考"。

学生活动 2

学生查阅学案，思考并回答问题。

活动意图说明：依托史实文献进行分析，明确中国共产党执政既是历史的必然，也是人民的选择，培养学生的认同感，厚植爱国主义情怀。

环节三："进京赶考"考什么

教师活动 3

布置探究任务，学生汇报问题："进京赶考"考的是什么？

学生活动 3

搜集材料，进行汇报。

活动意图说明：由浅入深，从具体到抽象，提升学生深度思考、总结概括的能力，明确"进京赶考"考的是全面执政的能力。

环节四："进京赶考"成绩如何

教师活动4

播放视频《百年恰是风华正茂》，设置问题：

（1）中国共产党取得了哪些成绩？

（2）为什么能取得这些成绩？

学生活动4

课前搜集相关资料，课上观看视频，提取视频信息，深度思考、总结、概括、提炼，回答问题。

活动意图说明：调动学生参与，引发学生兴趣，运用党的相关理论分析"进京赶考"的成绩，体悟中国经历了建国、兴国和强国的变迁，明确党发挥总揽全局、协调各方的作用，为中国人民谋幸福、为中华民族谋复兴。

环节五："赶考"永远在路上

教师活动5

查阅资料，准备学案，设置问题：

（1）结合材料，谈谈党应该如何继续"赶考"。

（2）作为新时代新青年，谈谈如何践行"青春向党"。

学生活动5

小组合作，思考并回答问题，汇报成果。

活动意图说明：通过对国内国际局势的分析，明确"赶考"永远在路上，同时，与时代相结合，激励学生思考问题，展现新青年的时代担当与责任，坚定理想信念。

（九）板书设计（见图1-4）

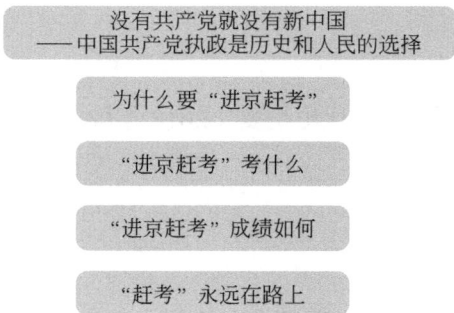

没有共产党就没有新中国
——中国共产党执政是历史和人民的选择

为什么要"进京赶考"

"进京赶考"考什么

"进京赶考"成绩如何

"赶考"永远在路上

图1-4　板书设计

（十）作业与拓展学习设计

请以"没有共产党就没有新中国"为主题，绘制党史简报。

（十一）特色学习资源分析、技术手段应用说明

（1）利用多媒体辅助教学。

（2）主要运用探究导入法与议题拓展法开展教学。

（十二）教学反思与改进

理论与实践相统一。学生依托参观香山的实践活动，通过学习与实地游览，寻找"进京赶考"的初心；同时，结合课本内容，论述党为了"考个好成绩"采取了哪些措施，明确了中国共产党执政既是历史的必然，也是人民的选择。

价值性与知识性相统一。通过课程，学生能够运用历史唯物主义的基本观点和方法评析各种政治力量解决中国问题的方案，同时，感悟中华人民共和国的成立是党和人民历尽千辛万苦、付出巨大代价取得的成就，明确为中国人民谋幸福、为中华民族谋复兴是中国共产党人的初心和使命。

教师主导与学生主体相统一。发挥学生的积极性，开展探究式、开放式教学，实现教师主导与学生主体的统一。

第五节

大学：坚持和平发展道路——中国从世界舞台的边缘走向中央

一、基本信息

教师姓名：张尔葭

教师学校：北京理工大学

教学学段：大学

教学年级：大一

教科书版本及章节：《中国近现代史纲要（2018 年版）》下编综述

二、课时教学设计

（一）课题

坚持和平发展道路——中国从世界舞台的边缘走向中央

（二）课型

学科实践活动课

（三）教学内容分析

"中国近现代史纲要"是全国高等学校本科生必修的思想政治理论课之一。通过本课程的学习，帮助学生认识近现代中国社会发展和革命、建设、改革的历史进程及其内在的规律，了解国史、国情，深刻领会历史和人民是怎样选择了马克思主义，选择了中国共产党，选择了社会主义道路，选择了改革开放。

在 2021 年的党史学习教育动员大会上，习近平总书记强调，全党同志要做到"学史明理、学史增信、学史崇德、学史力行"，"学党史、悟思想、办实事、开新局"，"以昂扬姿态奋力开启全面建设社会主义现代化国家新征程，以优异成绩迎接建党一百周年"。

落实到"中国近现代史纲要"上，就是一要加强思想引领和理论辨析，帮助大学生树立正确的历史观、党史观，正确认识和科学评价党史上的重大事件、重要会议、重要人物，旗帜鲜明地反对历史虚无主义；二要准确把握党的历史发展的主题主线、主流本质，使大学生明晰党的百年历史，就是党带领广大人民群众为实现近代以来中华民族面临的两大历史任务，即民族独立、人民解放和国家富强、人民富裕而艰苦奋斗的历史；三要用好党史资源，讲好党史故事，用感人的事迹、鲜活的案例，提升教学的感染力，增强教学的亲和力和针对性；四要使大学生传承红色基因，坚定党的领导，努力成长为担当民族复兴大任的时代新人。

（四）学习者分析

"00 后"大学生普遍对主流价值观认可度高，具备一定明辨是非的能力，但是理论素养较欠缺；思维活跃，喜欢提出争议性话题；阅读量大，但大多通过网络获取知识，信息碎片化。因此，有以下几点需特别注意。

（1）坚持理论性和实践性相结合。以学生喜闻乐见的方式解析他们关注的重大理论和现实问题，做到有高度、有深度和有温度。既要坚持理论性，把马克思主义的基本原理和基本方法讲清、讲深、讲透，帮助学生深刻认识和把握人类社会发展规律，在人生长河中找到自己的理想和目标，又要坚持实践性，鼓励学生走向社会、深入基层，做新时代的新青年。

（2）坚持统一性和差异性相结合。提前了解学生已有的知识水平，查漏补缺，适时调整难度。

（3）坚持教师主导和学生主体相结合。充分发挥教师的积极性、主动性、创造性，重视学生反馈，以抛出问题、提供思路、凝练观点的引导式、启发式教学方法激励学生参与课堂。

（4）坚持教学内容和教学形式相契合。教学形式要服务教学重难点，要契合思政课教学内容，传播正能量，解决真问题。

（五）学习目标

（1）认识和了解中国从世界舞台的边缘走向中央的内涵、实践和意义。

（2）初步分析和掌握新时代中国外交的着力点和生命力，并关照现实问题。

（3）在阅读经典的基础上，进一步整理和分析其中的重要概念和思想。

（4）体验做一个中国人的自豪感、责任感，牢固树立"四个自信"，培养和平观念，树立为构建人类命运共同体作贡献的信念。

（六）学习重难点

学习重点：中国和平发展道路的内涵。

学习难点：中国和平发展道路的必然性和必要性。

（七）学习评价设计（见表 1-3）

表 1-3　学习评价设计

等　　级	评　价　标　准
优秀（90~100）	1. 能精准引用历史文化与政策文献（如"和平共处五项原则""人类命运共同体"），论证逻辑严密； 2. 批判性分析西方话语陷阱时提出创新观点（如"战狼外交"是西方霸权思维的镜像投射）； 3. 价值观表达深刻，体现对"和而不同"文明观的认同
良好（75~89）	1. 能结合材料完成基础论证，但缺乏深度拓展； 2. 能辨识西方逻辑漏洞，但反驳力度不足； 3. 价值观表达清晰，但未结合现实责任
待改进（60~74）	1. 依赖教材结论，缺乏独立分析； 2. 对西方话语陷阱仅作表面描述，未触及本质； 3. 价值观表达空洞，未体现情感共鸣

（八）教学特色

（1）理论性和实践性相统一。要求学生阅读国内外相关经典文献，特别是习近平新时代中国特色社会主义思想的内容，了解中国特色社会主义重大理论成果和重大实践成果，不断提高学生的思想水平、政治觉悟、道德品质、文化素养，使个人成长与社会发展同向同行。

（2）历史性和时代性相统一。聚焦现实问题，从大历史观的维度破解西方话语霸权，通过马克思主义唯物史观和辩证法解决学生困惑。

（3）系统性和协同性相统一。在学科建设上，打通思政课和课程思政；在教师队伍建设上，打造德才兼备的高素质教师队伍；在教育体系建设上，加强课程体系建设和教材体系建设，拓展学生国际视野，提高其全球胜任力；在学生考核上，重视学生的主观能动性。

（九）学习活动设计

环节一：中国和平发展道路的时代背景

教师活动 1

坚持走和平发展道路，并非主观想象或拍拍脑袋的产物，而是我们深刻认识到当今世界发生了很大变化，当今中国发生了很大变化，当今中国与世界的关系也发生了很大变化，必须因势利导，因时制宜，走出一条既符合世界发展潮流又符合本国国情的路子来。

带领学生分析各国唯有同舟共济而不是同舟共"挤"，同舟共渡而不是同舟共"斗"，才有出路。

学生活动 1

认真听讲，记录关键知识点，理解世界变化与中国和平发展道路的联系。

活动意图说明：让学生系统学习知识，深入理解中国走和平发展道路的时代背景和必要性。

环节二：中国和平发展道路的庄严承诺

教师活动 2

2020 年 12 月 8 日，德国《每日镜报》发表了一篇标题为《中国的战狼》的报道，称多年来中国在世界各地的外交机构都很安静、很谨慎，而现在中国正实行所谓的"战狼外交"。之后，一些西方国家媒体和学者也频繁炒作这一概念，特别是在中国开启全面建设社会主义现代化国家新征程、向第二个百年奋斗目标进军后。国内亦有网友称中国之前进行的是"羊性外交"，现在国家强大了，要做"战狼"，扬我国威。那么，中国是一匹具有攻击性的"战狼"吗？

学生活动 2

认真观察展示内容，结合自身认知，积极思考并踊跃回答问题，表达对各国相互依存关系的初步理解。

活动意图说明：借助直观、丰富的视觉素材，迅速吸引学生注意力，激发其学习兴趣，为后续深入探讨世界局势与中国外交政策的关联奠定基础。

环节三：历史文化

教师活动 3

从历史文化的角度，中华文明在长期演进过程中，形成了中国人民看待世界、看待社会、看待人生的独特价值体系、文化内涵以及精神品质。英国著名历史学家汤因比说过，"避免人类自杀之路，在这点上现在各民族中具有最充分准备的，是两千年来培育了独特思维方法的中华民族"。"独特思维方法"指的是什么？

学生活动 3

认真听讲，做好笔记，跟随教师思路思考世界格局变化与中国外交战略的关联，提出疑问并参与讨论。

活动意图说明：系统传授知识，帮助学生构建完整知识体系，深入理解中国和平发展道路的时代背景和战略意义。

环节四：党的主张

教师活动 4

从中国共产党的角度，中国共产党恪守维护世界和平、促进共同发展的宗旨，咄咄逼人从来不是传统，国强必霸从未成为选择。

播放有关和平共处五项原则的视频。

学生活动 4

认真观看视频，思考中国历史文化与和平发展道路的内在联系，分享自己对传统文化中和平理念的理解。

活动意图说明：系统传授知识，帮助学生构建完整知识体系，深入理解中国和平发展道路的时代背景和战略意义。

环节五：现实动机

教师活动 5

改革开放前后，中国外交所面临的问题和任务、中国为之付出的努力和奋斗，皆指向同一课题：如何在一个变幻多端的国际环境中，寻求中国生存发展的空间，实现中华民族的伟大复兴。中国坚持和平发展不是权宜之计，而是自觉选择。

学生活动 5

认真听讲，记录关键信息，思考中国共产党在外交理念和行动上的传承与发展，提出问题和见解。

活动意图说明：培养学生的批判性思维和合作学习、分析问题的能力，增强学生对和平发展理念的认同。

环节六：中国和平发展道路的时代意义

教师活动 6

（1）阐述中国的和平发展道路及其时代意义。

（2）进行总结。

学生活动 6

认真听讲，做好笔记，深入理解中国的和平发展道路，提出疑问并参与讨论。

活动意图说明：从历史文化根源进行剖析，让学生理解中国坚持和平发展道路的深厚文化底蕴，增强民族自豪感和文化自信。

（十）板书设计（见图 1-5）

```
中国和平发展道路的时代背景
中国和平发展道路的庄严承诺
历史文化
党的主张
现实动机
```

图 1-5　板书设计

（十一）作业与拓展学习设计

引导学生阅读习近平总书记相关论述和《中国的和平发展》白皮书，推荐学生观看《筑梦路上》第 28 集 "大国外交"、《一九七九邓小平访美》系列。在此基础上，引导学生联系国际大事，加深对中国坚持和平发展道路的理解。

（十二）特色学习资源分析、技术手段应用说明

结合特色环境资源，在多媒体教学环境中，通过系统应用调查问卷软件、语词分析软件、智能交互屏、智能录课设备和官方客户端等信息技术设备，开展课前、课中、课后的综合性活动型学科课程。

（十三）教学反思与改进

习近平总书记强调，思政课是落实立德树人根本任务的关键课程。一切伟大的事业都需要合格的人才来担当。中国共产党立志于中华民族千秋伟业，必须培养一代又一代拥护中国共产党领导和我国社会主义制度、立志为中国特色社会主义奋斗终生的有用人才。青少年是祖国的未来、民族的希望。办好学校思政课，事关中国特色社会主义事业后继有人，是培养一代又一代社会主义建设者和接班人的重要保障。在这个问题上，必须提高政治站位、深化思想认识，必须旗帜鲜明、毫不含糊，理直气壮开好思政课，把立德树人的根本任务真正落实到位。

一体化教学真正做到了以学生为中心，避免了 "填鸭式" 和 "满堂灌" 的教学模式。如果说小学课程着重感性体验，中学课程强调理性认识，那么大学课程就是在两者基础上进一步地引导学生充分发挥主观能动性，更积极、主动、有效地探索中国，特别是中国与世界、世界与中国的关系。大学的思政课，要在强调爱党、爱国、爱社会主义的同时兼顾起宣传共产主义的远大理想，即培育家国情怀与国际视野相向而行。

在学校思想政治理论课教师座谈会上，习近平总书记指出，"办好思想政治理论课关键在教师，关键在发挥教师的积极性、主动性、创造性"，为加强思政课教师队伍建设指明方向，对广大教师寄予殷切期望。一体化教学通过大中小学优秀教师的 "帮扶带"，能有效建立起一支理论高、觉悟高、情怀深的思政课教师队伍，形成强大合力，有助于推动

思想政治理论课改革创新，增强思政课的思想性、理论性和亲和力、针对性。

【专家点评】

　　大中小学思政课一体化建设的目标是形成既有分工又有协作、既有衔接又有深化的育人格局。本章聚焦"没有共产党就没有新中国"这一教学主题，开发了大中小四个学段的教学设计，教学目标的制定、教学内容的设计、教学方法的适配等方面均鲜明体现了一体化的理念。首先，在教学目标方面，立德树人是思政课的整体统一目标，在此基础上各学段又有具体的目标指向。本章课例围绕让学生理解没有共产党就没有新中国，坚定永远跟党走的信念这一总体目标，结合各学段教学实际设置了合理的具体目标，非常好地把握了教学目标的整体统一性和各学段的差异性之间的关系。其次，在教学内容方面，小学阶段通过讲授长征事迹让学生感悟长征精神，初中阶段聚焦民族精神的内容引导学生从感性认识上升到理性认识，高中阶段通过理论联系实际分析"进京赶考"提升学生的辩证思维能力，大学阶段通过讲述中国从世界舞台的边缘走向中央的故事引导学生深刻领会"四个选择"。各学段的教学设计均以"步步高"为思路，讲出了不同学段内容的层次性，实现了教学内容的螺旋式上升。再次，在教学方法方面，各学段根据学生特点和思维方式，采用了启发式教学法、案例教学法、小组谈论法、情境教学法等，融入故事、史料、歌曲等多种形式，在使用不同方法进行教学的过程中，充分体现了遵循学生成长规律和接受思想政治理论教育的规律，把握不同学段理论学习和研究性学习的差异性的特点。综上所述，本章课例从大中小学思政课一体化建设的维度出发，进行了有益的教学尝试和探索，对于有效达成育人目标、合理构建教学体系、推动思政课建设内涵式发展具有一定的示范作用和推广意义。

（点评人：北京理工大学马克思主义学院　江大伟）

第二章

学生为主，打造"沉浸式"课堂

第一节
一体化教学分析与设计

一、一体化教学分析

教育系统的基本功能和根本任务是培育人，所以从学生接受教育以获得全面发展、提高素质的角度来考虑，学生应始终处于教学系统的核心地位，即教学应以学生为根本出发点，最后再落实到学生本身。学生主体地位的本质是发展自身，教师主导作用的本质是转化学生。因此，我们在学校教育中应该充分发挥教师主导作用的转化功能来实现学生主体的充分发展，培养其成为党和国家的有用之才。

思政课教学的"教"是为了学生更好的"学"，让议题式教学实效最终在学生身上体现出来。因此，关注学生，关注学生"议"的成果理应成为高中思政课议题式教学中的案例一体化设计原则之一。在思政一体化课堂的设计过程中，坚持主体性原则，从学情出发，构建情境，落实核心素养。

（一）情境的选择：生活化倾向

在进行情境选择时，倾向于生活化意味着更关注与日常生活紧密相关的场景和话题。这样的选择有助于使对话或内容更加贴近听众的实际经验，从而增强共鸣、提高参与度。在知识内容结构化整合、案例素材的选取和情境化解读等方面，有必要选取学生关注度高、贴近学生切实生活以及符合学生身心发展需要的真实案例作为议题式教学课堂议学的大背景，以提升议学主动参与度、增进高中思政学科学习福祉为落脚点，使学生在学科实践中亲近自然、关注社会、体察生活、学会做人。

生活化情境与学生日常经历紧密相连，能迅速拉近学生与思政知识的距离，增强学生共鸣。以学生身边真实发生的背街小巷整治案例作为切入点，通过课前学生调查、课中实践活动体验、课后完成实践作业等环节，构建基于社会案例的真实课堂情境——社区模拟议事会。这种基于生活的议题设置，更容易让学生产生共鸣，积极投入到讨论中，深刻理解人民当家作主的内涵与意义。

抽象的思政理论通过生活化情境呈现，变得具体可感，有助于提升学生对知识的理解。两会关注的很多议题都与我们的日常生活息息相关。比如，在教育方面，关于促进教育公平、提高教育质量的讨论和决策，会影响到我们每一个同学的学习环境和未来发展。政府可能会加大对教育资源薄弱地区的投入，改善学校的硬件设施，让更多孩子能享受到优质教育。在医疗领域，通过两会讨论制定的政策，可能会推进医保制度改革，扩大医保报销范围，提高报销比例，令看病就医更加便捷和负担得起。借助贴近生活的真实案例，引导学生关注社会现象，培养社会责任感。

（二）教学的内容：通俗化倾向

在教材内容处理、议题设置、议学活动组织和情境搭建上应充分考虑受教班级学生的认知水平与学习习惯等个性化特点，进行个性化定制，了解所在班级学生的认知瓶颈与最近发展区，使创设的议题、情境、活动和任务是学生通过"蹦一蹦""跑一跑"可以达到的，让每个学生都能够在课堂中找到自己的学习舒适区、展示区，更好地"入境"并成功地"出境"，增强学生的学习获得感。

降低理解门槛，激发学习兴趣。思政课程涵盖大量抽象理论，将这些内容通俗化，把复杂的知识转化为生活实例，能增强知识关联，促进学以致用。通俗化教学紧密联系生活实际，让学生清晰地看到思政知识在日常生活中的应用。教师基于真实的生活情景，以海淀区的人大代表选举来引导学生，激发学生的兴趣，通过对比，引导学生回忆出选举的过程。通过视频，让学生了解人大代表的职权与义务，然后通过角色转换——"假如你是人大代表，你如何履职"，让学生更深入理解人大代表的义务。选取记录大会流程的真实视频和青年人大代表李金峰的故事，让学生能够有所触动。

（三）探究的指向：启发性地"议"

在发挥教师主导性作用方面，适度的、及时的教师指导和参与，有助于学生在中心案例背景下所创设的系列小案例情境中更为精准地"议"。

联系生活实际，引发情感共鸣。从学生的日常生活中挖掘素材、构建议题，能让学生产生亲近感和参与热情。学生分组扮演车道沟东路的小区居民、家长、教师和学生，站在各自角色角度发表利益主张，与相关部门负责人进一步协商，并调整解决措施和建议。学生通过有序参与民主管理、民主协商、民主监督，行使公民法定权利与义务，体会人民当家作主的幸福感，养成依法办事、依法行使权利与履行义务的法治意识。

社会热点事件蕴含丰富的思政元素，将其转化为议题，能拓展学生思维视野。开放式议题为学生提供广阔的思考空间，鼓励学生从不同角度探索答案。引导学生回顾模拟议事会，提出问题链：有哪些政治主体参与了模拟议事会？中国共产党、政府相关部门、居委会、人民群众等主体付出了哪些行动，发挥了怎样的作用？不同政治主体为什么要承担相应责任？中国共产党领导、人民当家作主、依法治国之间具有怎样的关系？学生回顾模拟议事会各主体的协商过程，进行小组讨论，分析问题链，从而理解党的领导是人民当家作主和依法治国的根本保证，人民当家作主是社会主义民主政治的本质特征，依法治国是党领导人民治理国家的基本方式，三者统一于我国社会主义民主政治伟大实践。

（四）课堂的结果：创造性活动

学生所取得的成果虽然一般不具有社会价值，但都具有创新的共性，其获取的过程本身就是一种创造性活动。创造性越明显，主体地位实现得就越好，这将激发学生的学习情感，成为其进一步创造的精神力量。

学生通过小组讨论，撰写背街小巷整治建议书，反馈给相应主体；结合学生生活体验，呈现车道沟东路背街小巷整治效果与计划，向海淀区人大代表、政协委员、居委会提交建议书，将课上生成的政治素养运用到社会大课堂中，有利于培养社会责任感，增强公民意识，加深道路自信、制度自信，培养法治使人共享尊严、让社会更和谐、让生活更美好的认知和情感。这种创造性活动极大地激发了学生的学习情感。在看到自己的创意从无到有、逐渐成形，且在展示环节得到老师和同学的认可与建议时，学生收获了成就感与自信心。这种积极的情感体验转化为进一步创造的精神动力。

办好思政课，要坚持政治性和学理性相统一、价值性和知识性相统一、建设性和批判性相统一、理论性和实践性相统一、统一性和多样性相统一、主导性和主体性相统一、灌输性和启发性相统一、显性教育和隐性教育相统一。从教育规律来看，这"八个统一"最终将落实在教师（主导性）和学生（主体性）身上。只有系统、深刻地把握主导性与主体性的对立统一，并运用科学方法加以实践，才能扎实推进新时代思政课守正创新。把落脚点放在学生身上，让学生真正做到从被动学习到主动学习再到研究型学习的转变，思政课才能入脑入心。

二、一体化教学设计

（一）一体化学习主题

人民当家作主

（二）一体化教学设计说明

人民当家作主是社会主义民主政治的本质特征，走中国特色社会主义政治发展道路，必须坚持党的领导、人民当家作主、依法治国有机统一。在进行一体化教学设计时，围绕"人民当家作主"这一学习主题，应设计以培育学科核心素养为导向的活动型学科课程。通过挖掘本校教育资源，开展"大中小学思政课一体化"与"大思政课"建设，充分发挥思政课作为主渠道的作用。通过不同学段的贯通设计，从人民当家作主的制度保障到党的领导、人民当家作主、依法治国有机统一的生动实践，力求将学科逻辑与生活逻辑、理论知识与实际生活关切相结合。立足于学生的真实生活情境，设计一系列问题，引导学生进行自主思考、辨析和讨论。在合作探究、解决问题的过程中，让学生活化知识、提升能力，增强社会理解和参与能力，从而奠定坚实的政治立场与法治思维基础。

（三）一体化学习目标与重难点

（1）学习目标

初中：本单元，学生通过讨论与辨析，明确人民当家作主是社会主义民主政治的本质和核心，理解人民当家作主的制度体系，增强有序参与政治生活的能力。

高中：通过本模块的学习，学生能够结合社会实践活动，了解中国共产党的性质、宗旨和指导思想，明确党的执政地位是历史和人民的选择；阐释中国特色社会主义政治制度的基本内容、鲜明特点和主要优势；了解全面推进依法治国的总目标，知道科学立法、严格执法、公正司法、全民守法的基本要求；懂得走中国特色社会主义政治发展道路，必须坚持党的领导、人民当家作主、依法治国有机统一，理解推进国家治理体系和治理能力现代化的重要性；具备有序参与国家政治生活和社会公共生活的能力。

（2）学习重难点

① 初中

学习重点：坚持人民民主专政的必要性和重要性；人民代表大会的性质、职权和常设机关；我国的根本政治制度；我国的政党制度的内容；民族区域自治制度的内涵；基层群众自治制度的内容。

学习难点：人民民主专政的优越性；人民代表大会与人大代表的职权；人民代表大会制度的组织和活动原则——民主集中制；人民政协的职能划分；民族区域自治制度的优越性；如何实行基层群众自治制度。

② 高中

学习重点：提炼和分析党、政府、人民代表大会、公民等主体发挥的作用与原因。

学习难点：分析党的领导、人民当家作主、依法治国的性质与相互之间的关系。

（四）一体化整体教学思路（见图 2-1）

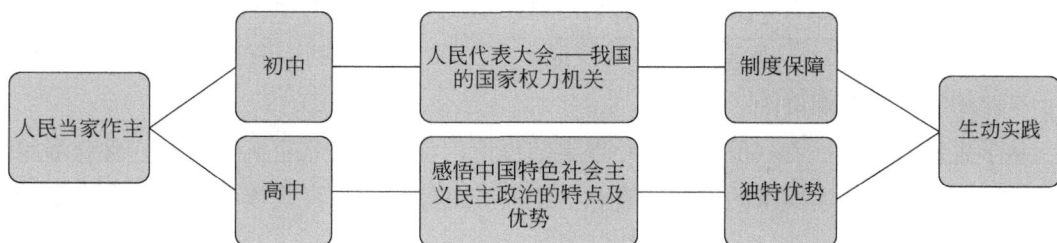

图 2-1　一体化整体教学思路

第二节

初中：人民代表大会——我国的国家权力机关

一、基本信息

教师姓名：张雪源

教师学校：北京理工大学附属中学

教学学段：初中

教学年级：初二

教科书版本及章节：部编版《道德与法治》八下第三单元第五课第一框

二、课时教学设计

（一）课题

人民代表大会——我国的国家权力机关

（二）课型

新授课

（三）教学内容分析

本课的核心教学内容围绕两个问题展开，第一，人民如何行使国家权力？通过讲解人民代表大会的相关知识，让学生理解人民是国家的主人。第二，人大代表如何行使国家权力？重点在于让学生对开会流程有一个整体感知，通过情境带入的方式，让学生理解人大代表的权利和义务，感受到人大代表是为人民履职。由知到行，引导学生走访身边的人大代表，了解他们的履职历程，进一步提高学生的政治参与能力。

（四）学习者分析

从学生的生活起点看：由于两会刚刚结束，学生对于两会有所关注，有更多鲜活的素材，而且在课前也设计了有关两会的手抄报，学生对于两会有初步的认识，也有好奇心，对于本课的学习是有期待的。

从学生的心理起点看：根据认知心理学的理论，学生不喜欢空洞的说教，喜欢形象生动的表达；不喜欢遥远抽象的事物，喜欢关注身边的事情；不喜欢被动灌输，喜欢主动参与和体验。

从学生的已有能力看：学生有一定的观察和分析能力但探究能力不强，公共参与的行动能力较差，参与政治生活的能力有待提升。

从学生的发展空间看：基于学生成长的阶段性特征，可以有意识地将学生导向深度的思考，引导学生发现问题，培养探究意识和能力，通过任务学习，全面提升素养。

（五）学习目标

（1）通过观看视频了解人大代表的产生和履职过程，并通过海淀人大官网了解如何联系人大代表，真正感受自己是国家的主人，增强制度自信。

（2）通过走访当地人大代表，感悟"人大代表代表人民"这一观点的正确性，树立有意见和建议可以反映给人大代表和监督人大代表工作的意识。

（六）学习重难点

学习重点：全国人民代表大会的性质、职权、常设机关。

学习难点：全国人民代表大会的职权和人大代表的职权的区别。

（七）学习评价设计

评价内容：学生在本单元学习过程中对于中国特色社会主义政治制度的理解是否准确；学生是否能够真正利用本单元所学的知识，主动参与政治生活，由知到行；学生小组合作探究的参与度、完成度与深入程度。

评价指标：根据学生在小组活动中的表现制作学习评价量表（见表 2-1），既评价学习情况，又引导活动过程。

评价方法：根据初二学生的特点，主要采用过程性评价方法，注重对学生进行思维引导。

表 2-1　学习评价量表

维　　度	等　　级			
勇于表达自己的观点	A	B	C	D
善于倾听、尊重他人的观点	A	B	C	D

续表

维　度	等　级			
准确地表达自己的观点，并能提供例证	A	B	C	D
对问题的认识深刻、独到	A	B	C	D
充分调动课上所学知识，学以致用	A	B	C	D
反思深刻，作出正确的价值判断	A	B	C	D

（八）学习活动设计

环节一：创设探究背景

教师活动1

（1）请学生利用已有知识，整合思维，构建单元整体逻辑框架。

（2）请学生了解时政热点，分享两会知识。

学生活动1

回忆与分享。

活动意图说明：呈现单元思维导图，让学生对于本单元形成整体认知，同样也是对于初中知识的简单回顾，调动学生的思维，在这个过程中，锻炼其自主学习的能力。分享两会知识，有助于提高学生关注时政热点的意识。

环节二：探究我国人民如何行使国家权力

教师活动2

（1）播放人民代表大会的科普视频，提供问题，让学生提取视频的关键信息，自主梳理知识点。

（2）请学生根据导学案材料，分析第十三届全国人民代表大会第五次会议议程，小组讨论，深入理解全国人民代表大会的四个职权。

学生活动2

自主学习，分享交流。

活动意图说明：教师通过小视频再现人民行使权力的整个过程，让学生对于人民代表大会有初步的认识和了解，可以自主推导出人民行使国家权力的整个过程，梳理核心知识，形成整体的思维链。教师通过提前发放的导学案，结合两会工作议程，组织学生进行小组讨论，让学生真正深入理解人民代表大会的职权。

环节三：探究人大代表如何行使国家权力

教师活动3

（1）用图片呈现全国人民代表大会和地方各级人民代表大会的异同，展示海淀区人大代表的选举过程。

（2）播放视频，让学生了解人大代表的职权和义务。

（3）播放视频、补充材料，让学生了解人民代表大会的会议流程。

学生活动3

分享交流。

活动意图说明：教师基于真实的生活情景，以海淀区的人大代表选举来引导学生，激发学生的兴趣，通过对比，引导学生回忆出选举的过程。学生通过视频了解人大代表的职权与义务，然后进行角色转换——"假如你是人大代表，你如何履职"，更深入理解人大代表的义务。选取真实记录大会流程的视频和青年人大代表李金峰的故事，让学生能够有所触动。

环节四：拓展延伸，解决问题

教师活动4

布置学习任务。

学生活动4

（1）课下浏览海淀人大官网。

（2）走访当地的人大代表。

活动意图说明：教师带学生浏览海淀人大官网，让学生知道如何提出建议，知道自己作为海淀学子也可以为海淀的发展建言献策。学生通过走访当地的人大代表，更深刻感悟"人大代表代表人民"这一观点的正确性。

（九）板书设计（见图2-2）

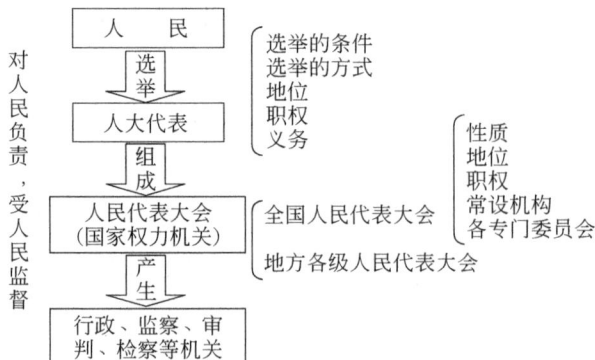

图2-2　板书设计

（十）作业与拓展学习设计

走访本地人大代表，了解其履行职责的经验，分析人大代表的产生过程、活动方式和主要职责。

（十一）特色学习资源分析、技术手段应用说明

（1）注重单元整体设计，注重改进学生的学习方式，落实学生主体。

（2）对全国人大官网、北京人大官网和海淀人大官网的相关数据进行了筛选和运用，提升了科学性。

第三节

高中：感悟中国特色社会主义民主政治的特点及优势

一、基本信息

教师姓名：马千惠

教师学校：北京理工大学附属中学

教学学段：高中

教学年级：高一

教科书版本及章节：部编版《思想政治 必修 3 政治与法治》综合探究

二、课时教学设计

（一）课题

感悟中国特色社会主义民主政治的特点及优势——以车道沟东路背街小巷整治为例

（二）课型

学科实践活动课

（三）教学内容分析

走中国特色社会主义政治发展道路，必须坚持党的领导、人民当家作主、依法治国有机统一。这是我们建设中国特色社会主义民主政治必须始终遵循的基本方针，突出体现了中国特色社会主义民主政治的特点及优势。本课内容基于《普通高中思想政治课程标准（2017 年版 2020 年修订）》中课程内容"模块 3：政治与法治"的相关内容进行整合，明确党的领导是人民当家作主和依法治国的根本保证，人民当家作主是社会主义民主政治的本质特征，依法治国是党领导人民治理国家的基本方式，三者统一于我国社会主义民主政治伟大实践。

（四）学习者分析

为满足人民对美好生活的需要，改善群众身边的环境质量，北京市开展了背街小巷环

境整治提升工作，将城市管理向"最后一公里"的街巷胡同延伸。车道沟东路是通往北京理工大学附属中学的必经之路，道路拥堵问题已经成为困扰附近群众的背街小巷"顽疾"。本次授课在高一年级，学生对学校周围的道路环境有直观体验。在以往的学习中，学生分别完成了党的领导、人民当家作主和依法治国三个专题学习，但不了解三大专题之间的理论与现实关系，没有深入思考三大专题与中国特色社会主义民主政治之间的联系。

（五）学习目标

（1）通过模拟议事会活动，结合生活体验，辩证分析群众建议的可行性，提出切实可行的解决办法，从而提升辨析与评价能力，养成依法办事、依法行使权利、依法履行义务的习惯，体验人民当家作主的幸福感。

（2）通过回顾、反思模拟议事会全过程，找出政治主体各自发挥的作用与原因依据，提炼党的领导、人民当家作主、依法治国的性质及三者之间的关系，认同中国特色社会主义民主政治的鲜明特色和独特优势，从而树立道路自信和制度自信。

（3）通过撰写车道沟东路背街小巷整治建议书，进一步参与真实的政治生活，培养法治使人共享尊严、让社会更和谐、让生活更美好的认知和情感，提升公民政治素养，勇于担当社会责任。并通过形成性评价，检验学习目标的落实。

（六）学习重难点

学习重点：根据车道沟东路背街小巷整治的参与主体行为，提炼各主体发挥的作用。

学习难点：分析党的领导、人民当家作主、依法治国的性质与相互之间的关系。

（七）学习评价设计

本节课采用议题式教学与活动型课程设计，不仅需要对应结构化的学科内容，提供序列化的活动设计，还要针对学生活动设计可操作的测评。本节课采用形成性评价与终结性评价两种评价方式，对学生的课堂角色扮演和发言讨论做量表评价分析，并通过学生经过反思呈现的车道沟东路背街小巷整治建议书，判断学生的学习效果。学习评价量表见表2-2。

表2-2　学习评价量表

评价维度	评 价 内 容	本项总分值
角色扮演	代入角色，用相关法律法规支持论点与论据，观点明确，有可操作性；有序参与议事会三个环节，能够通过质询，反思原有观点，形成新的见解	35分
会场讨论	勇于表达自己观点；善于倾听、尊重他人观点；准确表达自己的观点，并能用马克思主义原理与方法分析问题；通过辩论，反思原有观点，形成新的见解	15分

续表

评价维度	评价内容	本项总分值
建议书	内容紧扣主题，有层次的推进，包括标题、名称、主体、结尾；有论点、论据、论证，建议或者措施具有针对性和准确性；有独立的思考和观点；能够规范使用学科语言	50分

（八）学习活动设计

环节一　情境导入

教师活动1

介绍北京市开展背街小巷环境整治提升工作的背景，引出问题：我们身边存在亟须整治的背街小巷吗？这条背街小巷存在哪些突出问题？

学生活动1

结合生活经验与小组前期调查，陈述对车道沟东路道路拥堵问题的直观感受与调查数据。

活动意图说明：结合学生的课前调查与实践体验，明确本节课讨论的情境主题——"车道沟东路背街小巷整治"，引导学生关注身边存在的真实问题，培养学生的问题意识与社会责任感。

环节二：共商共治——模拟社区议事会

【议程一：集民意，提诉求】

教师活动2.1

参加车道沟东路背街小巷拥堵问题整治规划模拟议事会，扮演街道党工委书记主持大会。根据学生表现，评价其学习效果。

学生活动2.1

扮演社区居委会主任，介绍经过前期走访调查附近居民、商户与属地单位收集汇总的群众诉求与解决建议。

活动意图说明：通过前期走访社区居委会，让学生了解背街小巷整治涉及的主体与整治方式，引导学生通过科学依法的途径，协商解决政治生活问题，为本课奠定现实基础。

【议程二：汇民智，共治理】

教师活动2.2

主持相应部门负责人有序讨论与发言。

学生活动2.2

扮演交通支队、市场监督管理局、交通委员会、城市规划设计研究院和北京理工大学附属中学等相应部门的负责人，根据相关法律法规辩证分析群众建议的可行性，并就如何共同治理道路拥堵问题，陈述法定职责与解决措施。

活动意图说明：通过辩证分析群众建议的可行性，让学生将学科知识应用于真实问题解决，提出有法可依又切实可行的解决办法，感受不同政治主体依法治国的实践，提升解释与论证、辨析与评价能力，树立法律面前人人平等的法治理念。

【议程三：达共识，协推进】

教师活动 2.3

请学生扮演的群众代表与相关部门负责人协商议事，总结议事会成果，宣布议事会结束。

学生活动 2.3

分组扮演车道沟东路的小区居民、家长、教师和学生，站在各自角色角度发表利益主张，与相关部门负责人进一步协商，并调整解决措施和建议。

活动意图说明：通过有序参与民主管理、民主协商、民主监督，让学生行使公民法定的权利与义务，体会人民当家作主的幸福感，养成依法办事、依法行使权利与履行义务的法治意识。

环节三：共思共议——分析中国特色社会主义民主政治的特点及优势

教师活动 3

引导学生回顾模拟议事会，提出问题链：有哪些政治主体参与了模拟议事会？中国共产党、政府相关部门、居委会、人民群众等主体付出了哪些行动，发挥了怎样的作用？不同政治主体为什么要承担相应责任？中国共产党领导、人民当家作主、依法治国之间具有怎样的关系？

学生活动 3

回顾模拟议事会各主体的协商过程，小组讨论、分析问题链，明确党的领导是人民当家作主和依法治国的根本保证，人民当家作主是社会主义民主政治的本质特征，依法治国是党领导人民治理国家的基本方式，三者统一于我国社会主义民主政治伟大实践。

活动意图说明：通过回顾、反思模拟议事会过程，找出政治主体各自发挥的作用与原因依据，提炼党的领导、人民当家作主、依法治国的性质及三者之间的关系，认同中国特色社会主义民主政治的鲜明特色和独特优势，从而树立道路自信与制度自信。

环节四：共行动——撰写建议书

教师活动 4

总结车道沟东路背街小巷整治已经取得的诸多成果，并介绍即将进行的道路整治规划，动员学生总结模拟议事会的收获，撰写背街小巷整治建议书。

学生活动 4

小组讨论意见和建议，撰写背街小巷整治建议书，反馈给相应主体。

活动意图说明：学生结合生活体验，呈现车道沟东路背街小巷整治计划与效果，向海淀区人大代表、政协委员、居委会提交建议书，将课上生成的政治素养运用到社会大课堂中，有利于培养社会责任感，增强公民意识，加深道路自信、制度自信，培养法治使人共享尊严、让社会更和谐、让生活更美好的认知和情感。

（九）板书设计（见图2-3）

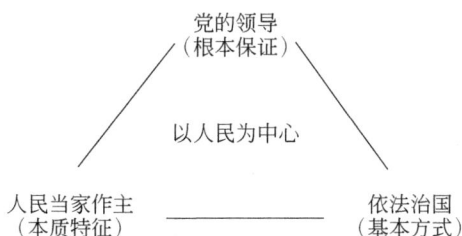

图2-3 板书设计

（十）作业与拓展学习设计

课前，学生带着问题走进社区进行调研，与北洼路社区居委会主任进行访谈与交流。课后，学生把收集的问题与课堂讨论结果凝练成文，撰写"关于'双减'政策背景下加强晚高峰时段学校周边综合治理的提案建议"（该建议已被北京市政协委员转化为提案带上政协全会讨论，并得到相应部门的答复与解决）。

（十一）特色学习资源分析、技术手段应用说明

北京理工大学附属中学位于车道沟东路1号，学生每天上下学常会面临道路拥堵问题，背街小巷整治是学生的真实需求，更是辖区内不同主体的重点工作。结合特色环境资源，在多媒体教学环境中，通过系统应用调查问卷软件、语词分析软件、智能交互屏、智能录课设备和官方客户端等开展课前、课中、课后的综合性活动型学科课程。

（十二）教学反思与改进

本节课以习近平总书记在思想政治理论课教师座谈会上的讲话精神为指导，依据《普通高中思想政治课程标准（2017年版2020年修订）》的理念和要求，运用深度学习理论，采用议题式教学、大单元教学，培育学生的核心素养。

（1）社会案例与课堂情境相结合

本节课主要以学生身边真实发生的背街小巷整治案例作为切入点，通过课前学生调查、课中实践活动体验、课后完成实践作业等环节，构建基于社会案例的真实课堂情境——社区模拟议事会。本情境涉及基层党组织、政府相关部门工作人员、居委会主任、社区居民等多元主体，各主体决策与选择的影响因素较多，立场与观点既有共性也有个性，复杂情

境为学生创设容量丰富的讨论与实践空间，促进学生转变学习方式，提高实践能力。

（2）议题式学习与大单元式教学相结合

本节课的议题为"感悟中国特色社会主义民主政治的特点及优势"，将社会实践活动与学科内容教学有机结合，使学生通过实践活动和议题讨论，自主调研、合作探究，构建知识、升华情感，达到知情融合，实现教学目标。为构建议题讨论的空间，本节课对教材单元内容进行整合，梳理逻辑体系，聚焦核心问题，引导学生在大单元学科知识的支撑下，对相关知识进行综合性理解与运用，形成整体性学科思维。

（3）深度学习与综合评价相结合

深度学习理论是指在教师的引导下，学生围绕具有挑战性的学习主题，形成对知识本质的理解和对学习内容的批判性利用，从而实现学习迁移，将学科知识应用于新情境，解决真实问题。本节课重视提升学生的思维品质和落实学科核心素养，结合活动型课程设计，引导学生通过角色扮演的方式迁移所学知识，经过问题链的梯度性反思与追问，实现深度学习。同时，本节课采用形成性评价与终结性评价方式，分别对学生课堂角色扮演和发言讨论做量表评价分析，结合学生经反思呈现的背街小巷整治建议书的完成度，综合判断学生深度学习的效果。

通过实际教学发现，本节课学生活动与活动反思的有效实现需要充足时间，可延伸为专题系列活动课程。师生互动中，追问的桥梁还可进一步细化，为学生提供充足的表达机会，保证全体学生的学习效果，加强深度剖析。

【专家点评】

"人民当家作主"一体化课例紧扣核心主题，在学段衔接与内容设计上展现出极强的专业性与创新性。在学段衔接上，巧妙搭建起螺旋上升的知识阶梯：初中以人民代表大会制度为抓手，通过剖析人民行使权力的流程、人大代表履职细节，为学生构建民主政治的基础认知框架；高中在此基础之上，深入解读中国特色社会主义政治制度，系统阐释党的领导、人民当家作主、依法治国有机统一的理论逻辑，实现从具象到抽象、从现象到本质的认知跨越，充分契合不同年龄阶段学生的思维发展规律。教学内容设计上，以制度保障和独特优势为双主线。特别是高中学段创新融入车道沟东路背街小巷整治的鲜活案例，将宏大的民主政治理论转化为可感知、可理解的基层治理实践，生动诠释人民民主如何在实际生活中落地生根。这种理论与实践结合的教学方式，既凸显了中国特色社会主义民主政治的制度优越性，又增强了教学内容的感染力与说服力，为学生深刻理解人民民主内涵提供了有力支撑，对推进思政课一体化建设、培育学生民主意识具有重要示范价值。

（点评人：北京理工大学马克思主义学院　李京）

第三章

目标贯通，构建大思政格局

第一节
一体化教学分析与设计

一、一体化教学分析

构建大思政格局对于培养全面发展的社会主义建设者和接班人具有至关重要的意义。大思政格局强调教育的系统性、连贯性和协同性，其中教学目标的连续性和贯通性是构建大思政格局的重要保障。连续性确保学生在不同学段的学习过程的连续性，贯通性确保不同学段的教学目标和内容之间的有机协同和衔接。

党的二十大报告指出："中国式现代化，是中国共产党领导的社会主义现代化。""大思政课"承载着为党培育优秀人才、为国家造就杰出之士的神圣职责。讲好中国式现代化是传递社会主义意识形态的必然需求，也是增强青年担当、落实立德树人的必由之路。本章以"中国式现代化"为主题，从教学目标的连续性与贯通性出发，探讨如何在小学、初中、高中和大学四个学段中逐步深化学生对中国式现代化的理解和认同，培养学生的爱国情怀、社会责任感和创新实践能力，助力构建大思政格局。

（一）连续性：确保学习过程的连续性

小学阶段"我是中国公民"课程为"中国式现代化"大思政课启蒙奠基。以学生熟悉的生活场景与国家成就为切入点，如介绍中国在科技、文化等领域的成果，开启学生感知中国式现代化的大门；使学生在具体事例中领悟身为中国公民与国家发展的紧密联系，为后续深入理解中国式现代化的宏观架构奠定情感与认知基石，让学生意识到他们是现代化进程的参与者与受益者。

初中阶段"中国担当"和"公平正义的守护"课程是小学阶段课程的拓展与深化。学生从国际视野中理解中国式现代化的国际影响力,并培养维护社会公平正义的能力。在"中国担当"课程中,通过国际事务案例,如中老铁路建设、"一带一路"倡议等,帮助学生理解中国在国际经济合作、和平维护等方面的积极作用。通过"公平正义的守护"课程,学生理解遵守社会规则和维护社会公正的重要性,正确认识和理解社会矛盾,理解稳定与发展的辩证关系。

高中阶段"实现中华民族伟大复兴的中国梦"课程进一步系统剖析中国式现代化。教学紧扣国家发展战略与历史脉络,深度解析中国梦与中国式现代化的内在契合性。通过探究不同历史时期奋斗目标与现代化进程的关联,如分析改革开放对现代化的推动,使学生系统领会中国式现代化的本质特征、核心目标及实现路径,从国家发展战略高度全面认识中国式现代化在民族复兴进程中的引领与支撑作用,明晰中国式现代化是实现中国梦的必由之路,强化学生对国家发展走向的理性认知。

大学阶段"在践行'国之大者'中弘扬爱国主义精神"课程从理论根源与时代使命出发实现理论升华。以党史案例、马克思主义理论等为依托,阐释中国式现代化的理论渊源、精神动力与价值导向。引导学生站在历史纵深与时代前沿,洞悉中国式现代化蕴含的爱国主义情怀与社会责任担当,理解其在传承民族精神、践行时代使命中的关键意义,从思想引领与行动指引层面提升学生对中国式现代化的理解与自觉践行能力,培养学生成为推动中国式现代化的中坚力量。

(二)贯通性:确保教学目标的有机协同

"中国式现代化"一体化课程教学目标的设计,呈现出知识体系的螺旋上升、能力培养的递阶进阶、情感态度的渐次升华三个特点。

知识体系的螺旋上升——构建稳固的中国式现代化知识大厦。在构建大思政格局的过程中,知识体系的螺旋上升是确保学生逐步深化对中国式现代化理解的关键路径。从小学阶段的公民身份认知,到初中的国际事务认知,再到高中的国家发展战略理解,直至大学的理论深度探究,知识范畴从基础概念逐步拓展至复杂理论与宏观战略,呈现出螺旋式上升的态势。各学段紧密衔接,前一学段为后续学段奠基,后续学段深化拓展前序知识,确保学生的知识积累连贯且逐步深化,构建稳固的中国式现代化知识大厦。

能力培养的递阶进阶——从知识接收者向创造者的转变。教学活动设计遵循学生成长规律,逐步培育学生的各种能力,从小学的感性认知与资料搜集能力起步,初中进阶至时政分析与辩证思维塑造,高中强化理性思辨与综合探究能力,大学聚焦理论运用与实践创新能力提升。例如,初中通过案例分析培养逻辑思维,高中在其基础上开展深度研讨、调查研究,提升批判性思维,形成能力进阶链条。这一过程不仅增强了学生对中国式现代化的理解与践行能力,更实现了学生从知识接收者向创造者的转变。

情感态度的渐次升华——凝聚推动中国式现代化的强大精神动力。以爱国情感为核心线索，小学阶段通过歌曲、成就展示激发学生的朴素爱国情，初中阶段通过国际合作案例强化国家自豪感与责任感，高中阶段在中国梦的追寻中深化民族使命感，大学阶段在践行"国之大者"中培养坚定的爱国主义信念与社会担当精神。情感培育层层递进、环环相扣，让学生在持续学习中，将个人情感与国家现代化进程紧密融合，凝聚为推动中国式现代化的强大精神动力，确保学生在成长全程保持积极正向的情感态度与价值追求。

构建大思政育人格局需强化战略导向型顶层设计，通过"连续性与贯通性相统一"实现育人目标的纵向衔接与横向协同。在战略层面，建立"目标递进—内容衔接—评价贯通"的课程体系，采用螺旋式上升的教学结构设计，确保各学段思政教育形成育人合力。面向第二个百年奋斗目标，大思政建设应聚焦"三个转化"：将制度优势转化为育人效能，将文化基因转化为价值认同，将时代命题转化为成长动力，为培养担当民族复兴大任的强国一代筑牢思想根基，为人类文明新形态的实践探索提供教育样本。这既是新时代教育工作的历史使命，也是构建人类命运共同体的应有之义。

二、一体化教学设计

（一）一体化学习主题

中国式现代化

（二）一体化教学设计说明

习近平总书记在全国教育大会上指出，"教育是国之大计、党之大计。培养什么人、怎样培养人、为谁培养人是教育的根本问题"。中学教材特别是中学思想政治课教材，是国家意识形态的重要载体，服务于培养社会主义建设者和接班人的根本任务，具有鲜明的政治属性。

以"中国式现代化"一体化教学为依托，通过优化案例、创设情境的综合性教学，充分发挥学生的主体性，培养学生的政治认同、责任意识、健全人格，构建中国在国际社会中勇担责任、与世界共发展的价值观念，推动中国式现代化发展；注重在教学过程中渗透"凸显观点，关注过程"的新课程理念，让学生认识到中国式现代化是中国共产党领导的社会主义现代化，是物质文明和精神文明相协调的现代化，是走和平发展道路的现代化。我国的发展处于重要战略机遇期，我们要抓住机遇，以中国式现代化全面推进中华民族伟大复兴。

（三）一体化学习目标与重难点

（1）学习目标：让学生理解中国式现代化的内涵，包括其是中国共产党领导的社会主义现代化，是物质文明和精神文明相协调的现代化，是走和平发展道路的现代化；掌握中国式现代化与中华民族伟大复兴的关系；分析中国式现代化在国际社会中的重要性和贡献。

（2）学习重点：把握一体化学习的梯度性和实用性，避免教学交叉重复和学生无效学习。

（3）学习难点：遵循学生学习兴趣发展规律，构建对各学段学生有趣、有效的课堂模式。

（四）一体化整体教学思路（见图3-1）

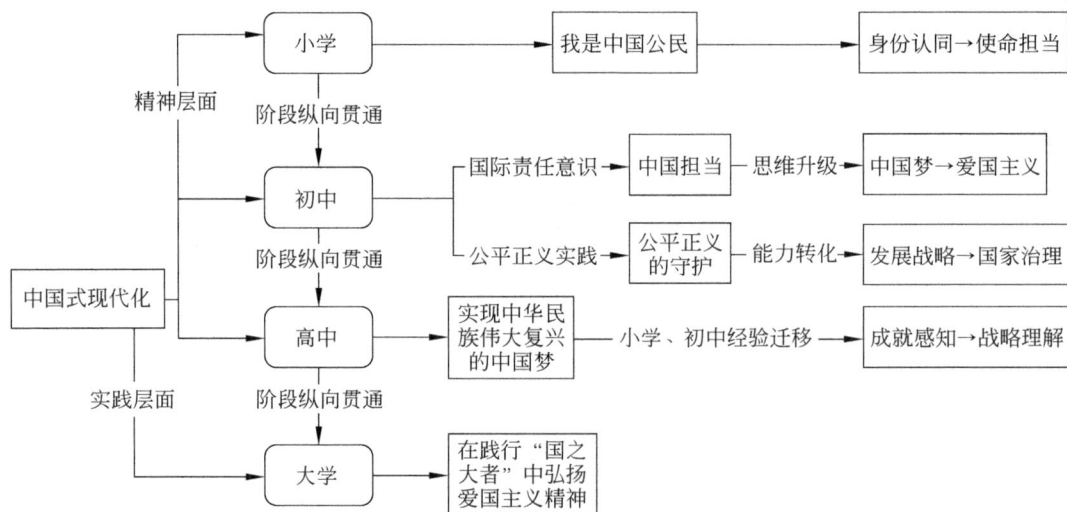

图3-1　一体化整体教学思路

小学、初中、高中三个学段分别从个人、世界、国家三个层面来解开中国式现代化的密码，把思想和行动统一到奋力谱写全面建设社会主义现代化国家的崭新篇章，以中国式现代化全面推进中华民族伟大复兴的历史进程。大学阶段围绕实现中国式现代化过程中不可缺少的精神来设计课程。通过这四个阶段的一体化课程设计，可以让学生在不同的成长阶段逐步深入了解中国式现代化的内涵和本质，培养他们的爱国情怀和社会责任感，为建设中国社会主义现代化强国打下坚实的基础。

第二节

小学：我是中国公民

一、基本信息

教师姓名：吕燕东

教师学校：北京理工大学附属中学小学部

教学学段：小学

教学年级：六年级

教科书版本及章节：部编版《道德与法治》六上第二单元第 3 课第三节

二、课时教学设计

（一）课题

我是中国公民

（二）课型

新授课

（三）教学内容分析

本节课通过展示中国社会主义建设所取得的举世瞩目的成就，让学生感受作为中国公民的自豪感，同时也让学生意识到自己作为中国公民有义务为国家作出贡献。

（四）学习者分析

本课针对的教学对象是六年级第一学期的小学生，六年级学生知道"公民"一词，但是对于公民的来源、真正的含义等方面的认识还不够，同时也比较缺失作为中国公民的自豪感和对使命的认识。六年级学生具有一定的观察、分析及资料搜集能力，能借助书籍、网络开展课外的拓展活动，能有效拓宽教学的途径和时空。当然，小学生还是以感性认识为主要认知形式，需要通过具体的情境和典型生动的事例来激发学生的情感，通过具体的活动来促进学生知情意行的统一发展，因此需要教师在教学中注重教学资源的开发与利用，注重教学实践活动的设计与组织。

（五）学习目标

（1）了解中国公民的相关知识，知道中国公民的使命和责任。

（2）通过视频资料的呈现等，了解国家建设取得的伟大成就，并注重自身的形象。

（3）培养自豪感，认识到作为中国公民有为国家建设作出贡献的使命。

（六）学习重难点

学习重点：了解有关公民的基本知识，激发作为中国公民的自豪感。

学习难点：理解作为中国公民有为国家建设作出贡献的使命。

（七）学习评价设计

（1）观察学生在课堂讨论、小组交流中的参与度和积极性。

（2）评价学生在歌曲演唱、诗歌朗诵等活动中情感表达的真实性。

（3）检查学生对"我是中国公民"相关知识的掌握情况，如公民身份的含义、中国公民的使命等。

（4）通过学生填写的"承诺卡"评价学生对祖国的热爱和为祖国作贡献的决心。

（5）评价学生在"我骄傲，我是中国公民"环节中对国家成就的汇报和讨论情况。

（6）评价学生在"我珍惜，我是中国公民"环节中对护照信息的了解以及对维护中国公民形象的思考。

（八）学习活动设计

环节一：歌曲导入

教师活动1

播放《我和我的祖国》歌曲视频。

学生活动1

跟着课件视频，饱含深情地齐唱《我和我的祖国》，说一说热爱中国的原因。

活动意图说明：通过歌曲导入，激发学生的爱国情感，为学生认同自己的公民身份作铺垫。

环节二：我骄傲，我是中国公民

教师活动2

（1）投影出示书本第30页活动园中的判断题。

（2）请学生自主学习书本第28、29页，结合课前收集的资料，汇报中国所取得的成就。

（3）请学生思考并交流：有哪些事情让你体会到作为中国公民的自豪？当我们满怀骄傲地立足现在、展望未来时，我们要为祖国做些什么？

（4）请学生齐读诗歌《我骄傲：我是中国人》。

（5）小结：中国社会主义建设取得了举世瞩目的成就，作为小学生，你们要好好学习科学知识，掌握科技本领，将来为国家富强、民族复兴作出一个中国公民应有的贡献。

学生活动2

（1）判断题目的正误。

（2）自主学习并进行汇报。

（3）思考、交流并回答问题。

（4）齐读诗歌《我骄傲：我是中国人》。

活动意图说明：通过判断题先让学生明确公民的概念，然后通过交流讨论，总结我国社会主义建设在各领域取得的举世瞩目的成就，使学生认同自己的公民身份，并由衷地感到作为中国人的自豪，同时知道作为中国公民也有自己的使命——为国家富强、民族复兴作出自己的贡献。

环节三：我珍惜，我是中国公民

教师活动 3

（1）请学生思考：护照上有哪些重要信息？走出国门，每个人都代表中国，都是中国的名片。那么，怎样做才能维护中国公民的声誉和形象？中国公民在国外如果遇到紧急情况，可以拨打的求助热线是什么？

（2）出示国旗，带领学生一起宣誓。

（3）引导学生理解公民身份的要求，珍惜自己的公民身份。

学生活动 3

（1）思考并回答问题。

（2）庄严宣誓：忠于我的祖国和人民，遵守宪法和法律，履行公民的责任和义务，践行社会主义核心价值观，做一名爱国、敬业、诚信、友善、守法、知礼的中国公民！

活动意图说明：结合活动园，明确公民身份的范围；通过资料的补充讲解，让学生理解公民身份的要求；通过讨论如何落实行为，使学生珍惜自己的公民身份。

（九）板书设计（见图 3-2）

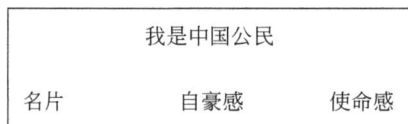

我是中国公民

名片　　　　自豪感　　　　使命感

图 3-2　板书设计

（十）作业与拓展学习设计

（1）请学生用自己的实际行动来诠释"中国公民"这张名片。

（2）很多中国人在海外取得了令人瞩目的成就，他们在科技、商业、经济、文化等各个领域成绩斐然。请学生收集这方面的资料，了解他们的励志故事。

（十一）特色学习资源分析、技术手段应用说明

（1）教材资源：充分利用《道德与法治》教材中的案例和活动园，引导学生理解公民身份的含义和责任。

（2）课外资源：结合时事新闻、中国公民的海外成就等资料，拓宽学生视野，增强学生对国家发展的认识。

（3）文化资源：通过诗歌朗诵、歌曲演唱等形式，激发学生的爱国情感，增强课堂感染力。

（十二）教学反思与改进

本次教学活动在激发学生爱国情感、增强公民身份认同方面取得了较好的效果，但在

时间分配、学生参与度和情感升华等方面仍有提升空间。在今后的教学中，需要更加注重教学环节的合理设计、学生的个体差异以及教学内容的丰富性，努力提升教学效果，让学生真正理解并践行"我是中国公民"的责任与使命。

第三节
初中：中国担当

一、基本信息

教师姓名：张雪源

教师学校：北京理工大学附属中学

教学学段：初中

教学年级：初三

教科书版本及章节：部编版《道德与法治》九下第二单元第三课第一框

二、课时教学设计

（一）课题

中国担当

（二）课型

新授课

（三）教学内容分析

本课内容选自部编版《道德与法治》九年级下册第二单元第三课"与世界紧相连"中的第一框，本课共包含两小目："积极有作为"和"贡献中国智慧"。本课在前面学习的基础上，旨在对学生进行中国与世界关系的认知教育，引导学生学会以全球视野、辩证的眼光认识并正确对待中国对世界的责任与担当，增强为世界和平与发展作出贡献的意识与愿望，认识到中国式现代化是走和平发展道路、推动人类命运共同体的现代化；让学生感受到今日中国对世界的深远影响，树立民族自信心。本课在第二单元中有着承上启下的作用，在承接、扩展上一单元的基础上，为下一框及第三单元"走向未来的少年"起到奠基作用。

（四）学习者分析

（1）已知点：学生在九年级上册"踏上强国之路"中，已经知道了"中国腾飞的表现"，且在九年级下册"开放互动的世界"中，明确中国在制造业等领域发展迅速，因此学生对中国的发展成就有了一定认识，较容易接受本框知识。

（2）困惑点：九年级学生求知欲强，涉猎的领域不断拓展，但生活阅历相对不足。学生能直观地感受到国家对世界的贡献，但不能理解我国既然面临诸多发展问题，为什么还要担当国际社会发展的责任。基于学生的困惑，可以引导学生思考：应该如何看待、评价中国对世界的贡献？

（3）发展点：基于上述学情，本课通过搜集材料，帮助学生了解中国在世界的地位、中国担当等问题，引导学生以全球视野和辩证眼光看待中国发展与世界发展的关系，了解中国的发展成就以及对世界发展作出的贡献，理解中国的责任与担当，激发学生对国家、民族的责任感与自信心。

（五）学习目标

（1）政治认同：通过视频《跟着中国铁路去旅行》，知道中国目前的成就及中国与世界的密切联系，了解中国全方位地参与全球治理、积极担当的做法；通过"一带一路享赞誉""主播说联播，今天我来说"等活动，认识中国在国际社会中的地位和作用，掌握为世界作出贡献的一些"中国智慧"；知晓中国对世界的贡献是尽力而为、量力而行的。

（2）责任意识：通过了解中老铁路的修建过程、"一带一路"助力世界脱贫的成就，感知中国在国际上积极有作为，理解我国为世界和平与发展所作的贡献，关注祖国在世界舞台上的地位与作用，增强民族自尊心、自信心和自豪感；通过"一带一路享赞誉""主播说联播，今天我来说"，学会总结资料，勇于承担时代赋予的国际责任，为中国式现代化发展贡献自己的力量。

（六）学习重难点

学习重点：积极有作为。

学习难点：贡献中国智慧。

（七）学习评价设计

（1）观察学生在观看视频、讨论时政热点等活动中的表现，评价其对国家发展和国际事务的关注度。

（2）评价学生在情景剧表演、播报活动中的参与度和表现力。

（3）检查学生对"中国担当"相关知识的掌握情况，如中国在国际社会中的地位、作用以及中国智慧等。

（4）通过学生撰写的倡议书评价学生对国家责任的理解和对自身使命的认识。

（5）评价学生在"点赞中国"活动中对国家成就的总结和展示情况。

（6）评价学生在"主播说联播，今天我来说"活动中对中国国际责任的分析和理解。

（7）通过学生完成的"主播说联播，今天我来说"视频作业，评价学生对国家国际形象的理解和表达能力。

（8）评价学生对巴以冲突中中国担当的分析，考查学生运用所学知识解决实际问题的能力。

（八）学习活动设计

环节一：新课导入

教师活动1

播放视频《跟着中国铁路去旅行》。

学生活动1

观看视频并发表感想。

活动意图说明：通过观看视频，引导学生了解中国的铁路成就，感受中国对世界发展的贡献，增强对国家的自豪感。

环节二：积极有作为，展大国风采

教师活动2

（1）请学生根据课前收集的资料，讨论中国在哪些领域积极有作为。

（2）展示中老铁路的修建背景和修建困难，给学生发放点赞卡。

（3）呈现"一带一路"助力世界脱贫的相关材料。

学生活动2

（1）以小组为单位进行讨论。

（2）了解中老铁路的修建背景和修建困难，为值得点赞的中国行为给出点赞卡。

（3）表演情景剧《一带一路享赞誉》。

活动意图说明：九年级的学生对于时政的敏感度不够，通过设计点赞活动，帮助学生了解时政，关注中国在国际上的举措，感知中国积极参与国际事务的身影，加深对中国国际形象的理解，增强对中国发展的自豪感。结合学生相对比较熟悉的知识，以旧知串新旧，感知中国的脱贫成就是彪炳史册的人间奇迹；同时以轻松愉悦的方式，让学生从中感知中国智慧。

环节三：感中国参与，献中国智慧

教师活动3

（1）呈现关于"一带一路"倡议影响的材料，请学生进行分析和讨论。

（2）举办"主播说联播，今天我来说"活动。

学生活动 3

（1）认真阅读和分析材料，进行小组讨论。

（2）通过播报的形式展示中国积极承担社会责任的事例，感受中国负责任的大国形象。

活动意图说明：材料的呈现、分析、讨论，旨在使学生认识到中国声音、中国方案和中国智慧正得到越来越多国家的理解、支持和响应，也正在成为国际社会共识。通过"主播说联播，今天我来说"活动，培养学生实事求是的精神和全面、客观地看待问题的能力，让学生明白我国在积极参与全球治理、主动承担国际责任方面做到了既尽力而为，又量力而行。

环节四：少年须行动，续中国担当——书写倡议书

教师活动 4

倡议中国青年争做推进中国式现代化的生力军，为世界的和平发展贡献力量，呈现倡议书的格式模板，请学生完成倡议书。

学生活动 4

完成倡议书框架，小组合作，补充、完善内容，各小组派代表分享倡议书。

活动意图说明：通过之前的学习，学生了解到中国积极参与全球治理，为世界发展作出了中国贡献，这些都是站在国家的角度。这个环节让学生明白青少年与国家息息相关，青少年与世界也是息息相关的，青少年要不断提升自我，为世界发展作贡献。

（九）板书设计（见图 3-3）

图 3-3 板书设计

（十）作业与拓展学习设计

（1）作业一

继续完成"主播说联播，今天我来说"任务，并且录制视频发布到社交平台，为中国点赞，为自己点赞！

（2）作业二

2023 年 10 月，巴以冲突升级，造成大量平民伤亡和人道主义灾难。本轮巴以冲突爆发以来，中方积极劝和促谈，推动停火止战。为缓解加沙局势，中国已通过巴勒斯坦民族权力机构和联合国机构提供了 200 万美元紧急人道主义援助，通过埃及向加沙地带提供了价值 1500 万元人民币的食品、药品等紧急人道主义物资，并将根据加沙人民需要，继续提供物资援助。

该材料体现了怎样的中国担当？

（十一）特色学习资源分析、技术手段应用说明

（1）教材资源：结合《道德与法治》教材中的"中国担当"相关内容，引导学生理解中国在国际社会中的地位和责任。

（2）时事新闻：引入中老铁路、"一带一路"倡议等时事热点，帮助学生理解中国对世界的贡献和担当。

（3）国际案例：通过巴以冲突中中国的和平倡议等案例，引导学生思考中国在国际事务中的角色和作用。

（4）多媒体课件：利用课件展示中国在国际事务中的成就和贡献，增强教学的直观性和系统性。

（5）视频资源：播放《跟着中国铁路去旅行》等视频，帮助学生直观感受中国的发展成就和国际影响力。

（6）互动平台：利用多媒体设备记录学生表演情景剧、进行播报活动的过程，便于教师及时评价和指导。

（7）网络资源：鼓励学生课后通过网络平台收集资料，拓宽学习渠道，加深对知识的理解和应用。

（十二）教学反思与改进

中国式现代化是中国共产党领导的社会主义现代化，是走和平发展道路的现代化。本单元涉及国际问题，虽然与学生的日常生活有一定距离，但通过精心设计的教学活动，可以引导学生深入思考中国参与国际事务对自身及世界的深远影响。学生不仅能够认识到中国在国际舞台上的积极作用，还能通过实践活动，深刻理解坚持中国共产党领导的重要性，以及推动构建人类命运共同体、创造人类文明新形态的意义。

然而，本节课在实施过程中仍存在一些问题。首先，重难点的处理不够恰当，尤其是难点的讲解过于简单，未能充分展开。其次，每个活动结束后，缺乏及时的问题引导，未能有效推动学生思维的层层递进。今后，应更加注重学生思维能力的培养，增加其与国情

新闻的接触频率，鼓励学生与同伴共同分析国际形势，进一步引导他们树立全球视野和开放意识，为推动人类命运共同体贡献自己的力量。

第四节
初中：公平正义的守护

一、基本信息

教师姓名：张德宝

教师学校：北京理工大学附属中学

教学学段：初中

教学年级：八年级

教科书版本及章节：部编版《道德与法治》八上第四单元

二、课时教学设计

（一）课题

公平正义的守护

（二）课型

新授课

（三）教学内容分析

本课所依据课程标准的相应部分是"了解法律对个人生活、社会秩序和国家发展的作用，理解法治的本质及特征"；"以'社会中的我'为议题，通过角色扮演和讨论等方式，理解社会上各种角色，以及各种角色之间的相互关系，认识'人是社会关系的总和'"；"在与他人的交往中认识自我，正确理解个人与集体、社会和国家的关系"。

本课所依据《青少年法治教育大纲》的相应部分是"将自由、平等、公正、民主、法治等理念，宪法法律至上、权利保障、权力制约、程序正义等法治原则，立法、执法、司法以及权利救济等法律制度，与法律常识教育相结合，在不同学段的教学内容中统筹安排，层次递进"；"初步认知罪刑法定、无罪推定等原则"，"初步理解程序正义在实现法治中的作用，建立依法处理纠纷，理性维护权利的意识"。

（四）学习者分析

八年级下册《道德与法治》教材的逻辑起点是公民与国家的关系，落脚点是在前三个单元教学基础上生成的第四单元"崇尚法治精神"，特别是第八课第二框"公平正义的守护"所讲的"通过维护社会公平正义，最终实现人人自由发展"。初中学生处于人生发展的重要阶段，无论生理还是心理，特别是世界观、人生观和价值观都处于"拔节孕穗"的关键时期。学生只有独立思考和亲身实践才能真正学习和落实好"公平正义的守护"，这不仅要求教师鼓励学生积极思考，主动质疑，而且还要通过讨论、辩论甚至演讲等形式让学生体验公平正义，引导学生在日常生活和学习生活中努力践行和守护公平正义。

（五）学习目标

（1）认真领悟维护作为法治社会核心价值、美好社会根本价值的公平正义，是实现自由发展这一美好社会最高价值的基本前提。

（2）增强维护公平正义、共建美好社会和共享美好生活的信心、勇气和力量。

（3）通过小组合作等方式进行案例分析，增强对罪刑法定原则、无罪推定原则、程序正义等法律术语的理解能力，提高维护公平正义的实践能力。

（4）以公正和法治的辩证关系为切入点和重难点，以探究自由、平等、公正、法治之间的逻辑联系为提升点和制高点，以"'公平正义的守护'人形知识结构图"为行动指南，共同描绘并构建美好社会的宏伟蓝图。

（5）掌握守护公平正义的途径和方法。理解公平正义一方面要靠个人思想觉悟维护，另一方面要靠集体配套制度维护，特别是要靠国家法治进步维护。

（六）学习重难点

学习重点：守护公平正义的途径和方法。

学习难点：国家维护公平正义的司法手段。

（七）学习活动设计

环节一：导入新课

教师活动 1

（1）从"一班同学在开学典礼上的学期寄语《有梦就去追》"的图片说起，出示第一张幻灯片：习近平总书记作出的"党对全国人民向往美好生活的庄严承诺"，增强了我们追逐梦想的信心和希望，增添了我们在面对不公正遭遇时战胜困难的勇气和力量。

（2）出示第二张幻灯片：第八课第二框"公平正义的守护"。

（3）展示材料一、材料二，播放材料相关视频，请学生进行小组讨论，选派小组代表回答下述问题。

材料一：2018年8月21日，在济南开往北京南站的G334次列车上发生的高铁霸座事件。

材料二：一男子被发现死于家中，与其一同回家的情妇陶某有重大作案嫌疑。法院经审理发现此案事实不清，证据不足，宣告被告人陶某无罪并当庭释放。宣判时，被害人亲属的谩骂声不绝于耳。

讨论题：

①霸座行为、审判结果是公平正义的吗？

②谁去维护公平正义，怎样维护公平正义？

学生活动1

（1）听教师导入，观看幻灯片，坚定追梦的决心。

（2）明确本课的学习主题。

（3）通过视频感受材料，明确讨论任务并开展小组讨论，选派小组代表发言，分享小组讨论成果。

活动意图说明：从身边的追梦人说起，以小见大，大中有小。拟用典型性、代表性、鲜活性较强的两个材料，激发学生兴趣，启发学生智慧，展开教学活动。

环节二：发现之旅之一

教师活动2

（1）在学生就材料一回答问题后，用幻灯片呈现处理结果，请学生思考：面对"高铁霸座"，应该怎么办？

（2）师生互动，分析得出结论：面对不公正的霸座行为，需要个人思想保障、集体制度保障、国家司法保障。

学生活动2

（1）畅所欲言，主动质疑。

（2）师生共同分析，得出结论。

活动意图说明：发挥教师主导、学生主体作用。

环节三：发现之旅之二

教师活动3

（1）在学生就材料二回答问题后，出示幻灯片"百家争鸣"："疑罪从重""疑罪从轻"

"疑罪从无",怎样做更能够体现司法公平正义?

（2）插播新闻事件"金哲宏案"视频,分析司法审判原则。插播《法治中国说》第一季"大法官说"《100-1=0,如何防范冤假错案》视频。

（3）播放幻灯片"女法官张海波的勇气担当":陶某涉嫌故意杀人案宣判一年后,真凶黎波落网,张海波如释重负。

学生活动3

（1）观看幻灯片并发表自己的看法。

（2）观看视频,思考并回答问题。

（3）观看幻灯片,感悟冤案平反成果,感受法院担当。

活动意图说明:设疑激趣培养创新思维。让学生从"金哲宏案"中感受"疑罪从无"原则的正确性,提高学生维护公平正义的实践能力,使其感受司法公平正义,增强司法公正信心。

环节四:发现之旅之三

教师活动4

（1）播放幻灯片"用民意的刻度丈量公平正义的水位"。

（2）播放视频《司法改革大盘点——〈法治中国〉公正司法（序）》,请学生思考怎样维护公平正义。

学生活动4

观看视频并回答问题。

活动意图说明:全面深刻感悟司法改革成果。

环节五:发现之旅总结

教师活动5

以公正和法治的辩证关系为切入点和重难点,分析社会主义核心价值观社会层面的价值取向"自由""平等""公正""法治"之间的逻辑联系,共绘"美好社会框架图——'公平正义的守护'人形知识结构图"。

学生活动5

与教师共绘"美好社会框架图——'公平正义的守护'人形知识结构图"。

活动意图说明:以互动方式升华所学知识,用形象框架图提高理解能力,努力实现本框题、本单元乃至本册书的最终教学目的。

（八）板书设计（见图3-4）

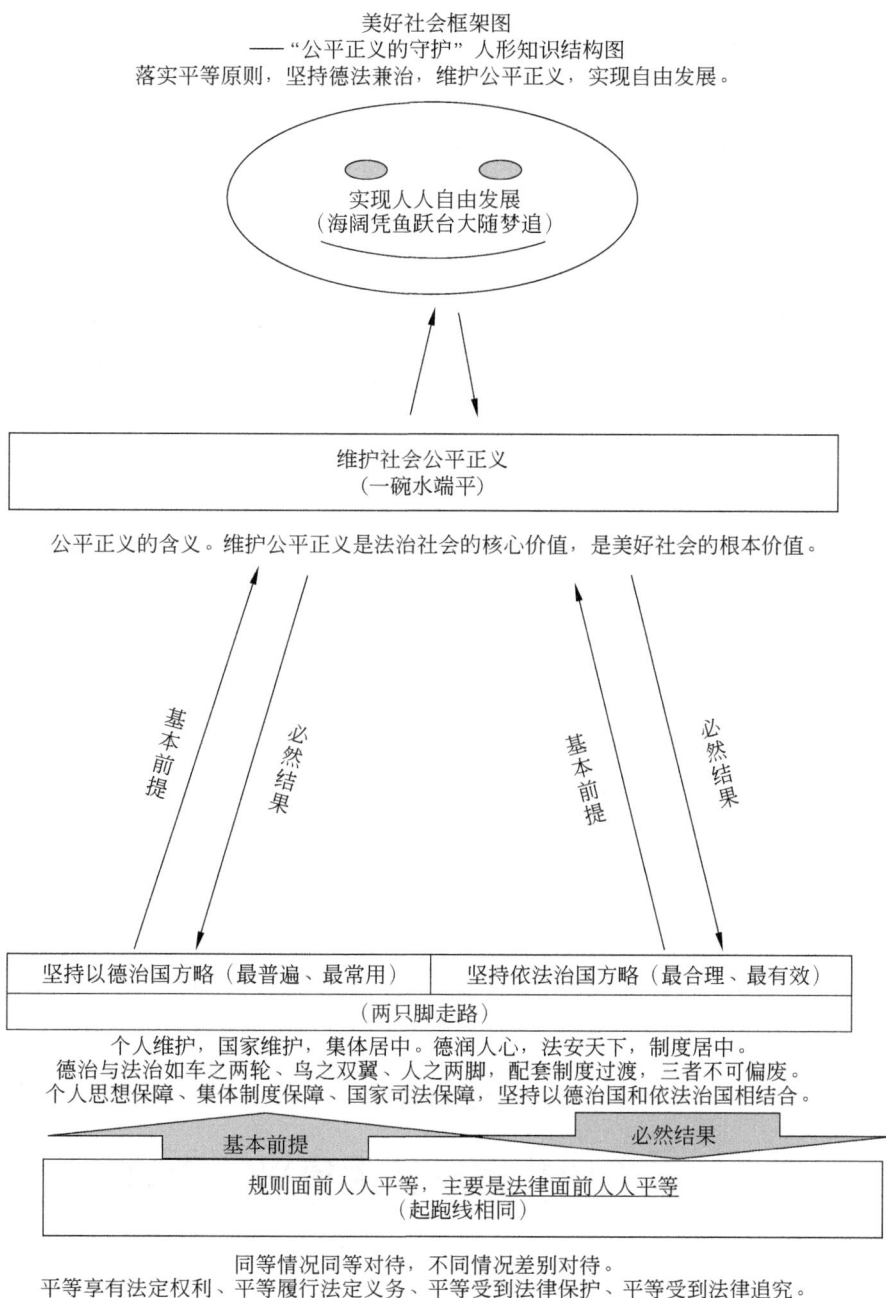

美好社会框架图
——"公平正义的守护" 人形知识结构图
落实平等原则，坚持德法兼治，维护公平正义，实现自由发展。

实现人人自由发展
（海阔凭鱼跃台大随梦追）

维护社会公平正义
（一碗水端平）

公平正义的含义。维护公平正义是法治社会的核心价值，是美好社会的根本价值。

基本前提　必然结果　　　　　基本前提　必然结果

坚持以德治国方略（最普遍、最常用）　坚持依法治国方略（最合理、最有效）
（两只脚走路）

个人维护，国家维护，集体居中。德润人心，法安天下，制度居中。
德治与法治如车之两轮、鸟之双翼、人之两脚，配套制度过渡，三者不可偏废。
个人思想保障、集体制度保障、国家司法保障，坚持以德治国和依法治国相结合。

基本前提　　　　　　必然结果

规则面前人人平等，主要是法律面前人人平等
（起跑线相同）

同等情况同等对待，不同情况差别对待。
平等享有法定权利、平等履行法定义务、平等受到法律保护、平等受到法律追究。

图3-4　板书设计

（九）作业与拓展学习设计

（1）公平正义大家谈。请同学们用智慧的双眼发现身边的"最不公平正义的事情"，说一说入选理由，并提出你的解决建议。

（2）课后探究。"北京地铁睡觉男事件"已经有解决办法啦！"翟天临学术不端事件"也已经有了初步处理结果！请在课后运用所学知识进行调查剖析。

（十）教学反思与改进

本节课教学思路清晰，围绕"公平正义的守护"创设情境和问题，引导学生在分析和解决问题的过程中，尊法、学法、守法、用法，形成正确的价值取向和道德定力，弘扬和践行社会主义核心价值观。

创设情境，激发兴趣。教学内容只有与具体问题情境相融合，才能有效组织相关概念和方法，让学生运用所学内容分析和解决问题，反映学生真实的价值观念、品格和能力。本课创设两个鲜活的典型案例情境贯穿整个教学过程，有助于激发学生兴趣，引发学生思考问题，深入理解学习内容。

问题引导，增强辨析。依托情境材料，围绕"什么是公平正义""为什么要维护公平正义""谁来维护公平正义""怎样维护公平正义"等问题进行讨论和辨析，引导学生在小组合作中体验公平正义；在分析和解决问题中，突破学习的重点和难点，从而得出结论：面对不公平正义的行为，需要个人思想保障、集体制度保障、国家司法保障。

素养导向，价值引领。整体把握第四单元"崇尚法治精神"的主要内容即社会主义核心价值观社会层面的价值取向"自由""平等""公正""法治"之间的逻辑联系，通过师生共绘"美好社会框架图——'公平正义的守护'人形知识结构图"，从微观到宏观系统建构知识、从本体到喻体形象理解知识、从事例到理论总结升华知识，进而感受司法改革成果，增强维护公平正义才能共享美好生活的信念、勇气和力量，努力践行和守护公平正义。

第五节

高中：实现中华民族伟大复兴的中国梦

一、基本信息

教师姓名：崔红艳

教师学校：北京理工大学附属中学

教学学段：高中

教学年级：高一

教科书版本及章节：部编版《思想政治 必修 1 中国特色社会主义》第四课第二框

二、课时教学设计

（一）课题

实现中华民族伟大复兴的中国梦

（二）课型

新授课

（三）教学内容分析

习近平总书记指出，"实现中华民族伟大复兴的中国梦，就是要实现国家富强、民族振兴、人民幸福"，新时代要不忘党的初心和使命，分两步走实现中国梦。本节课我们学习中国梦的本质和特点，中国人民如何实现中国梦等相关知识。

（四）学情分析

高一年级学生通过初中思政课和平时的时政学习，对中国梦的知识有一定了解，但围绕着中国梦也会有这样一些困惑：中国梦的实质是什么？中国梦和个人梦有什么关系？学生缺乏从感性认识上升到理性认识的过程，通过厘清这一关系，学生能够树立为中国梦而奋斗的远大理想，明确青年一代的责任担当。

（五）学习目标

（1）政治认同。通过学习中国梦的本质、内涵和特点，并结合中华民族追求梦想的曲折道路，深刻理解中国梦归根到底是人民的梦，主动把个人理想融入国家和民族的伟大梦想之中，为实现中国梦付出努力，承担自己的责任。

（2）科学精神。深刻理解中国共产党的初心和使命，培养用发展的观点看问题的能力；通过学习分两步建成社会主义现代化强国的相关知识，辩证地认识这个历史机遇期的机遇与挑战。

（3）公共参与。做中国梦的见证者、参与者、建设者，增强参与实现中国梦的意识，增强实现中国梦的认同感和使命感。

（六）学习重难点

学习重点：理解中国梦的内涵包括国家富强、民族振兴、人民幸福；明确青年一代的使命担当，树立为实现中华民族伟大复兴而奋斗的理想信念。

学习难点：理解个人和国家的关系，从而理解中国梦和个人梦的一致性。

（七）学习评价设计

（1）观察学生在课堂讨论、小组合作学习中的参与度和思维活跃度。

（2）评价学生在案例分析、主题演讲等活动中对"中国式现代化"内涵的理解和表达能力。

（3）检查学生对"中国式现代化"核心内容的掌握情况，如其特征、目标和意义。

（4）通过学生撰写的论文、研究报告或学习心得，评价学生对中国式现代化与青年使命之间关系的理解。

（5）评价学生在模拟政协提案、社会调研等实践活动中对社会问题的关注度和解决能力。

（6）通过学生设计的"中国式现代化"宣传海报或短视频，评价学生对知识的综合运用能力。

（八）学习活动设计

环节一：导入新课

教师活动1

梦想，是对未来的一种期望，心中努力想要实现的目标。梦想是一缕阳光，照到哪里哪里就有光芒。同学们每个人都有自己的梦想，国家也有梦想。2012年11月29日，习近平总书记在参观《复兴之路》展览时说："何为中国梦？我以为，实现中华民族的伟大复兴，就是中华民族近代以来最伟大的中国梦。"今天我们就一同走入中华民族百年历史，一起去探究中国梦的实质，探究怎样实现中华民族百年复兴的中国梦。

学生活动1

思考并回答问题。

活动意图说明：以习近平总书记最初提出中国梦的场景，引导学生思考什么是中国梦，怎样才能实现中国梦。

环节二：寻梦 雄关漫道真如铁

教师活动2

请各小组认真阅读百年前孙中山在《建国方略》中的梦想、方志敏在《可爱的中国》一文中的梦想、洪业（燕京大学教授）刊登在《东方杂志》上的梦想，做调查研究，思考问题：在当年，这些梦想为什么没有实现？当年这些看来不可能实现的梦想今天实现了吗？百年前的这些梦想通过怎样的途径在今天得以实现？这些逝去的先辈们付出了什么样的努力？

学生活动2

小组展示调查研究成果。用图片、数据、实例、故事讲述百年中国梦成真，分析梦想实现的途径。

活动意图说明：学生通过带着问题做调研，寻找中国特色社会主义建设的成就，坚定道路自信；通过探究并回答问题，梳理中国人民在中国共产党的领导下，实现站起来、富起来的梦想的路径。

环节三：追梦　人间正道是沧桑

教师活动 3

（1）请学生进行小组探究并回答：你梦想中的中国未来是怎样的？个人生活中有什么梦想？明确什么是中国梦。

（2）分享视频《中国青年的世界北斗梦》。

（3）请学生思考：从历史和现实的角度出发，当今中国为什么要有这样的梦想？个人的梦想和国家有关系吗，有什么关系？中国梦对世界有什么影响？

学生活动 3

（1）进行小组探究。

（2）观看视频。

（3）回答老师提问，理解中国梦的实质；理解个人和国家的关系，理解中国发展对世界的意义。

活动意图说明：通过学生分享、合作探究和教师引导，明确中国梦的实质是国家富强、民族振兴、人民幸福，了解实现中国梦的历史和现实原因。

环节四：筑梦　直挂云帆济沧海

教师活动 4

2020 年 6 月 23 日，北斗三号的最后一颗卫星成功发射，标志着我国自主建设、独立运行的北斗卫星导航系统完成全球组网部署。整个系统由 55 颗卫星构成，每一颗都有自己的功用，它们共同织成一张"天网"，可服务全球。

请学生回答："每一颗都有自己的功用"，引发了你怎样的联想和思考？在中华民族伟大复兴的征程上，青年学生应该有怎样的责任担当？

学生活动 4

（1）分享自己的思考和认识。

（2）在教师的引导下梳理知识，形成共识。

活动意图说明：坚定学生的道路自信和制度自信，引导学生为建设富强民主文明和谐美丽的社会主义现代化国家而奋斗，形成道路自信、责任担当等政治认同。

（九）板书设计（见图 3-5）

（十）作业与拓展学习设计

无论从互联网上还是从现实中，都能看到这样一批都市"空心人"。他们不知道自己现在要做什么，不

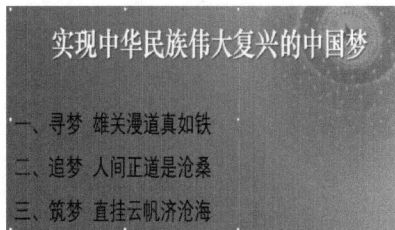

实现中华民族伟大复兴的中国梦

一、寻梦　雄关漫道真如铁

二、追梦　人间正道是沧桑

三、筑梦　直挂云帆济沧海

图 3-5　板书设计

知道未来理想是什么，不知道自己的价值在哪里。在竞争压力越来越大的当今社会，不少年轻人正在为自己的人生目标而奋斗。而不能忽视的是在年轻一代中正出现这样一个群体，他们游走于网络中与大街上，这些本应是最有所作为的新时代年轻人，却成为最没有梦想的"空心"一族。

请你以"梦想的力量"为主题给"空心人"写一封信，谈谈你的梦想和信仰。

（十一）特色学习资源分析、技术手段应用说明

（1）多媒体课件：利用课件展示中国式现代化的发展历程、成就和未来展望，增强教学的直观性和系统性。

（2）历史文献与经典著作：以《建国方略》《可爱的中国》《东方杂志》、习近平总书记的讲话为素材，明确中国梦的内涵和意义。

（3）现实案例与成就资料：展示北斗卫星导航系统中国现代化建设成就，帮助学生理解百年圆梦的现实基础。

（十二）教学反思与改进

在高中学段讲授"实现中华民族伟大复兴的中国梦"，是实现大中小学思政课一体化的一种实践和探索。本课基于高中学段学生具有的思辨能力，从百年前救国图存的仁人志士提出的中国梦开始，循序渐进引导学生探讨中华民族百年中国梦的实现，培养了学生的科学精神，引领学生共同参与，引导学生形成了政治认同，很好地完成了学习目标，培养了学生的学科核心素养。

在具体教学过程中，还存在需要完善和改进的地方：材料过多，需要精选与课堂内容直接相关的材料；学生发言不够充分，教师对学生发言的挖掘不够深刻；在今后的教学过程中还需不断提高教学的质量和水平。

第六节

大学：在践行"国之大者"中弘扬爱国主义精神

一、基本信息

教师姓名：李洁

教师学校：北京理工大学

教学学段：大学

教学年级：大一

教科书版本及章节：《思想道德与法治》第三章第二节

二、课时教学设计

（一）课题

在践行"国之大者"中弘扬爱国主义精神

（二）课型

新授课

（三）教学内容分析

本课时属于大一第一学期思想道德与法治课程的一部分。思想道德与法治是一门融思想性、政治性、科学性、理论性、实践性于一体的思想政治理论课。针对大学生成长过程中面临的思想道德与法治问题，开展马克思主义的人生观、价值观、道德观、法治观教育，帮助大学生提升思想道德素质和法治素养，成长为自觉担当民族复兴大任的时代新人。

本课内容属于《思想道德与法治》第三章的第二节。实现中华民族伟大复兴的中国梦必须要弘扬中国精神，而中国精神是以爱国主义为核心的民族精神和以改革创新为核心的时代精神。爱国主义在中国精神中处于核心位置，也是激励一代代中国人艰苦奋斗、矢志报国的精神动力。百年来，中国共产党团结带领中国人民进行的一切奋斗、一切牺牲、一切创造，归结起来就是一个主题：实现中华民族伟大复兴。那么这个主题的实质就是最根本的"国之大者"。近代以来，所有爱国志士所做的一切都是为了实现这个梦想。因此，无论从理论上讲还是从实践中看，爱国主义精神都是在践行"国之大者"中形成的。要促使爱国主义精神发扬光大，又必须投入到新的伟大实践中去。

（四）学习者分析

"00后"大学生生逢盛世，恰好在祖国十分强大的时候出生、成长，普遍对主流价值观认可度高，具有天然的爱国情感。但这种爱国情感也较为朴素，缺乏理论支撑。另外，这种爱国情感也需要价值引导。"00后"大学生具备较强的是非辨别能力，但是理论素养还需要进一步提升；思维活跃，获取信息的途径多元，但网络化、碎片化较为严重。

因此，在教学中需特别注意以下几点：① 坚持理论性和实践性相结合。以学生喜闻乐见的方式解析他们关注的重大理论和现实问题，做到有高度、有深度和有温度。既要坚持理论性，把马克思主义的基本原理和基本方法讲清、讲深、讲透，帮助学生深刻认识和把握人类社会发展规律，在人生长河中找到自己的理想和目标；又要坚持实践性，鼓励学生走向社会、深入基层，做新时代的新青年。② 坚持统一性和差异性相结合。提前了解学生已有的知识水平，查漏补缺，适时调整难度。③ 坚持教师主导和学生主体相结合。充分发挥教师的积极性、主动性、创造性，重视学生反馈，以抛出问题、提供思路、凝练观点的引导式、启发式教学方法激励学生参与课堂。④ 坚持教学内容和教学形式相契合。教学形式要服务教学重难点，要契合思政课教学内容，传播正能量，解决真问题。

（五）学习目标

（1）引导学生认识和了解"国之大者"的内涵及其与爱国主义精神的关系。

（2）通过理论分析及党史案例的讲解，引导学生认清使命担当，将"小我"融入国家发展的"大我"之中。

（3）在讲解党史文献和文学著作的基础上，引导学生通过文献资料和文学著作获取精神动力。

（4）通过感受老一辈革命家及无数爱国志士对国家、民族、人民的责任感和使命感，引导学生从大的时代出发来思考问题，将自己的人生理想与国家的前途命运紧密结合起来。

（六）学习重难点

学习重点：

（1）结合党史讲清楚爱国主义精神的形成。爱国主义精神本身是一个比较抽象的问题，结合党史文献资料和党史故事，生动展现爱国主义精神的形成过程，让学生更能够了解爱国主义精神形成的过程，理解爱国主义精神是在无数爱国志士践行"国之大者"中形成的。

（2）了解新时代青年应该怎样弘扬爱国主义精神。引导新时代青年在励志、求真、力行中弘扬爱国主义精神。

学习难点：理解"国之大者"的内涵是本节课的学习难点。一是由于"国之大者"这个概念较新，对于学生来说也较为陌生，理解起来比较抽象和困难。二是要讲清楚"国之大者"的内涵必须要从百年党史的宏观视野出发，厘清历史线索本身就是一件相对困难的事情，还要结合爱国主义精神的形成和弘扬来展开就更为困难了。

（七）学习评价设计

（1）课堂表现评价：结合学生在小组讨论、案例分析等课堂活动中的发言积极性、观点深度和准确性，评价其对知识的理解和掌握程度。

（2）作业与小测验：设计与"国之大者"和爱国主义精神相关的书面作业或小测验，检验学生对重点知识的掌握情况。

（3）实践活动评价：组织学生开展与爱国主义精神相关的实践活动，如参观爱国主义教育基地、撰写爱国主义主题文章等，结合活动表现和成果评价学生对爱国主义精神的践行情况。

（4）自我评价与同伴评价：引导学生进行自我反思，撰写学习心得或自我评价报告，同时开展同伴互评，促进学生之间的交流与学习。

（八）学习活动设计

环节一：导入新课

教师活动 1

（1）回顾爱国主义的内涵。

（2）爱国主义的历史性、具体性要求爱国主义与时代的发展主题相契合。当今时代发展的主题是"国之大者"，直接决定爱国主义的思想内容、表现形式和实践要求。今天的第一个问题即准确把握"国之大者"的科学内涵。

学生活动 1

思考并回顾。

活动意图说明：提出关键词"国之大者"，与弘扬爱国主义精神形成内在联系。

环节二：准确把握"国之大者"的科学内涵

教师活动 2

通过理论讲授，引导学生从党史案例中理解"国之大者"的内涵。

（1）呈现习近平总书记在不同场合对不同人群提出"国之大者"的场景，呈现古代文献中关于"国之大者"的描述，请学生结合关键词，从大历史观的角度理解"国之大者"。

（2）小结：从总体上来理解，"国之大者"就是在国家发展过程中那些带有全局性、长远性、方向性、根本性的，与国家富强、民族振兴、人民幸福息息相关的大事、要事。另外，又可以从根本和具体两个层面对其内涵加以理解。

学生活动 2

以小组为单位，阅读历史文献，观看历史图片、视频等，以大历史观的角度纵深思考"国之大者"的内涵，根据教师的讲授，自主概括出"国之大者"的内涵。

活动意图说明：从历史与现实相结合的角度启发学生思考"国之大者"的深刻内涵，并引导学生思考"国之大者"与爱国主义之间的关系。

环节三：爱国主义精神在践行"国之大者"中得以形成

教师活动 3

（1）提问："国之大者"与爱国主义精神有什么关系呢？呈现以下三个案例。

案例 1：鲁迅与钱玄同的对话、战争中牺牲的烈士。

案例 2：科学家面对重重阻碍坚持从海外归国，投身国家科技与国防建设。

案例 3：中国科技发展迅猛，打破西方制裁。

（2）小结：中华民族的爱国主义精神就是在无数爱国志士践行"国之大者"中得以形成的。

学生活动 3

（1）小组讨论"国之大者"与爱国主义精神之间的关系。

（2）总结案例的共同点。

活动意图说明：通过对系列案例的理论分析，引导学生得出结论，即中华民族的爱国主义精神就是在无数爱国志士践行"国之大者"中得以形成的。

环节四：新时代弘扬爱国主义精神必须践行"国之大者"

教师活动 4

（1）提问：新时代青年要弘扬爱国主义精神应该从哪些方面开展实践？

（2）通过举例，鼓励学生锤炼品德、勇于创新、实干实学。

学生活动 4

思考身边的同龄人在以什么样的方式弘扬爱国主义精神，明白如何将"小我"融入祖国发展的"大我"之中。

活动意图说明：引导学生认识弘扬爱国主义精神绝不是高不可攀的行动，做好自己的事情，努力成长发展，就可以为祖国发展的"国之大者"贡献力量，这是弘扬爱国主义精神最重要的环节。

（九）板书设计（见图 3-6）

> 一、准确把握"国之大者"的科学内涵
> 二、爱国主义精神在践行"国之大者"中得以形成
> 三、新时代弘扬爱国主义精神必须践行"国之大者"

图 3-6　板书设计

（十）作业与拓展学习设计

请你以身边的榜样为对象，做一期主题为"身边人的爱国情怀"的访谈。

（十一）特色学习资源分析、技术手段应用说明

（1）党史案例资源：选取中国共产党成立以来的典型历史事件和人物故事，如毛泽东一家为革命牺牲的事迹、鲁迅"弃医从文"的故事等。通过生动的党史案例，帮助学生理解爱国主义精神在践行"国之大者"中的形成过程，增强学生对爱国主义精神的情感认同。

（2）多媒体资源：播放与"国之大者"和爱国主义精神相关的、影视作品片段，如《觉醒年代》中展现的革命先辈的爱国情怀。展示历史图片、英雄人物的画像等，增强教学的直观性和感染力。

（十二）教学反思与改进

一体化教学要真正做到以学生为中心，避免"填鸭式"和"满堂灌"的教学模式。如

果说小学课程着重感性体验，中学课程强调理性认识，那么大学课程就是在两者基础上更进一步讲好理论的同时，引导学生充分发挥主观能动性，更积极、主动、有效地加入实践活动当中去。特别需要引导学生认识自己，认识自己与外界的关系，认识自己所处的地位，所担负的责任，进而引导学生在担当使命中践行爱国、弘扬爱国主义精神，警惕让思政教育沦为空洞口号。

【专家点评】

该章节课例突出大中小学思政课建设一体化的连续性和贯通性。基于"中国式现代化"这一重要概念，结合各学段教学内容重点和学生的认知特点，进行课程设计，以实现知识体系的螺旋上升、能力培养的递阶进阶、情感态度的渐次升华的教学效果。小学学段以"我是中国公民"为主题，通过引发学生作为中国公民"我骄傲""我珍惜"的道德情感，强化学生对作为中国人的身份认同。初中学段通过"中国担当""公平正义的守护"两个内容进行联合教学，一方面引导学生正确理解、看待、评价中国对世界的贡献，培养作为社会主义大国公民的责任意识，另一方面凸显国家治理如何保障中国式现代化。高中学段针对学生思辨能力得到一定发展的学情，以"中国梦"内涵的百年演变，帮助学生理解中国式现代化的内涵。大学学段以在践行"国之大者"中弘扬爱国主义精神，推动中国式现代化视角进行分析，凸显党史中的经典案例，体现理论性与实践性相结合的特点。

各学段均针对学生的特点进行了针对性的教学设计，使用了大量适合学生的案例，设计的教学环节丰富多样，有助于调动学生学习兴趣、实现学生主体性，达成教育入耳、入脑、入心的效果。尤其是各学段均聚焦学生作为中国公民的身份，进行政治、法律、道德层面的挖掘，帮助学生从公民责任角度理解其与中国式现代化的关系，对培养使命担当很有意义。

（点评人：北京理工大学马克思主义学院　季雨）

第四章

情境教学，让思政课"活"起来

第一节
一体化教学分析与设计

一、一体化教学分析

明代学者陈献章曾说，"学起于思，思源于疑"，"小疑则小进，大疑则大进"。在新课标的素养生成目标下，依托情境开展学习为学生产生疑问提供了切入点，促使学生主动去审视自身所处的学习环境，寻找能答疑解惑的资源，为知识在不同场景间的迁移搭建桥梁，让学生从课堂疑问探索走向生活实践应用，进一步为核心素养的培育与提升搭建了脚手架。依据莱夫和温格的情境学习理论，学习的终极目标是将学习者自身置于知识产生的特定情境之中，通过积极投身于具体情境里的社会实践，来获取知识、构建意义并解决实际问题。在这一理论下，知与行是交互的，知识是情境化的，通过活动的发生不断向前发展，参与实践促进了学生学习和理解。情境是问题产生的源头，情境场是学生形成问题意识的必要条件和基础，为培育学生的思维能力与学科素养搭建了关键的平台。本章重点关注如何通过情境教学让思政课"活"起来，为实现这一目标，要重点关注情境载体的典型性、情境内涵的学科性以及情境创设的基础——学生的认知水平及接受能力。

（一）情境的载体：典型性

在情境构建与表达中，典型性是选取情境载体需要关注的关键属性。所谓典型性，是指情境载体能够集中、突出地反映某一类事物的本质特征与普遍规律，具有高度的代表性和概括性。一个具备典型性的情境载体，能够帮助学生将抽象知识具象化，促使学生深入思考，从而直击人心，引发情感共鸣，让学生在潜移默化中认同、内化核心价值观，进而提升立德树人的实效性。

本章课例选取的情境概念为"科学家精神"，这一概念的选取既有现实条件考量，又有时代的必要责任托付，充分体现了情境载体的典型性特征。在中华民族伟大复兴的征程中，一代又一代科学家以祖国和人民为念，不惧艰难险阻，无私忘我奉献，为科学技术的进步、人民生活水平的提升以及中华民族的发展建立了不朽功勋。人无精神则不立，国无精神则不强。科学家精神是科技工作者在长期科学实践中积累的宝贵精神财富，内嵌厚重红色基因，凝聚鲜明价值共识，将科学家精神融入思政课程，是推进社会主义核心价值体系建设、践行中国高等教育历史使命的根本需要。2021年9月，科学家精神入选中国共产党人精神谱系第一批伟大精神，其内涵包括胸怀祖国、服务人民的爱国精神，勇攀高峰、敢为人先的创新精神，追求真理、严谨治学的求实精神，淡泊名利、潜心研究的奉献精神，集智攻关、团结协作的协同精神，甘为人梯、奖掖后学的育人精神。这一精神是伟大建党精神在时代中的映照，是大德、公德、品德在科技领域的具象化展现，更是赓续创新奋斗的精神命脉。对于学生而言，学习与传承科学家精神，能够激发他们担负起建设社会主义现代化强国、实现中华民族伟大复兴的历史重任，促使他们心系祖国、胸怀世界，不负时代赋予的使命。

典型的思政课案例需要深刻揭示社会现象背后的本质和规律。本章课例中的初中学段教学以"走向未来的少年"为主题，立足于北京理工大学图书馆弘扬科学家精神展馆开展实践教学，在具体的情境场中设置学习任务，帮助学生了解杰出科学家的爱国情怀，弘扬、传承科学家精神，为学生的未来人生道路提供榜样模范，激发学生的爱国热情，引导他们树立报国志向。

典型的思政课案例需要从宏观大时代背景中选取中观或微观的"小"事，以小见大，引导学生从现实生活中把握时代脉搏，用辩证唯物主义和历史唯物主义的观点看待个人、社会、国家和世界的发展大势，进一步认同、践行社会主义核心价值观。本章课例中的小学学段教学以科学家的书信这一常见的生活事物为线索，打破教材壁垒，以"科学家精神"为大概念，整合教学资源，借助北京理工大学图书馆科学家精神教育基地资源，通过科学家故事激发学生的成长内驱力。

（二）情境的内涵：学科性

在情境的创设与加工中，需要关注情境与学科的紧密结合，通过问题情境的创设，激发学生的好奇心和探索欲，让学生在解决问题的过程中主动学习和思考。同时，通过生活化的教学内容，将抽象的思政理论知识与学生的日常经验相结合，增强学生的代入感和情感联结。就案例的学科性而言，选取的案例应与学科概念联结挂钩。充分联结学科大概念的案例，有助于学生在以此产生的情境线中主动生成学科知识和建构学习意义，理解、迁移和运用学科大概念。在这一过程中，情境的架构以学科专业知识为载体，关注思政素养的解构与层析，以情境促理解，充分发挥"大思政课"的育人渠道作用。

本章课例中的高中学段教学以"梦想从这里起航——火炸药三杰的故事"为主题，聚焦"中国式现代化"这一关键学科大概念，将其与科学家精神紧密结合，讲述丁敬、董海山、徐更光三位科学家的生平事迹及科学成就，结合北京理工大学图书馆馆藏资源，设计课堂活动，帮助学生理解科学家精神在推动建设中国式现代化目标中的价值与意义，提升学生对科技需与中国式现代化结合的认同，坚持以科学技术的应用促进中国式现代化实践的理性精神、政治认同，鼓励学生为中华民族的伟大复兴而不懈奋斗。

案例与教学目标，即学生核心素养的生成紧密相关，优质的案例应具备多维度的材料构成，能够全方位地与预先计划的教学各环节、各部分内容有机衔接，实现教学流程的无缝融合。思想政治学科新课标明确指出，在新时代教育背景下，学科教学不能孤立地聚焦知识传授，更要着眼于学生核心素养的培育，力求达成知识与素养协同发展的育人目标。《中国高考评价体系》指出，在"四层"构建中，"核心价值"起到方向引领作用，"学科素养"承接核心价值的方向引领，统摄关键能力与必备知识。这一系列政策导向为思想政治学科的教学实践指明了方向，以中心案例为主体的议题式教学设计成为教学改革的关键着力点。在情境式教学中，情境场的建构应落地于承载一堂课的目标教学内容，使学生通过对情境的议学既能够达成对核心学科知识的理解与建构，又能够增进思政学科核心素养，培养关键能力。

（三）情境的基础：认知水平和接受能力

案例的选择要关注学生的认知水平和接受能力，具有一定的感染力和说服力，能够引起共鸣。根据维果茨基的最近发展区理论，学生的发展存在两种水平，一是现有水平，即独立活动时所能达到的解决问题的水平；二是可能的发展水平，也就是通过教学所获得的潜力，两者之间的差异即为最近发展区。教学应着眼于学生的最近发展区，为学生提供带有难度的内容，调动其积极性，发挥其潜能，使其超越最近发展区而达到下一发展阶段的水平。习近平总书记也曾对学校思政课建设作出重要指示，强调"要坚持以新时代中国特色社会主义思想为指导，全面贯彻党的教育方针，落实立德树人根本任务"。

习近平总书记强调，青少年阶段是人生的"拔节孕穗期"，思政课是学生成长成才的"关键一课"。思政课的实效性是达成教育立德树人根本任务的重要因素。新时代新征程上，思政课必须有新气象、新作为，把道理讲深、讲透、讲活，不断提高思政课的针对性和吸引力。因此，思政课程应关注"量身定制"，在充分把握学情的基础上坚持平等交流、坦诚沟通，有针对性地依托科学理论开展情境建构，因材施教，帮助学生把人生第一粒扣子扣好。为此，案例的选择要坚持贴近学生、贴近实际、贴近生活，聚焦学生普遍关心、关注的理论和现实问题，增强思政课教学的感染力和说服力。

在本章课例中，无论是高中还是初中的课程设计都遵循了从学情出发这一基本原则。九年级的学生即将面临初中毕业，将来会有不同的发展道路，无论道路是怎样的，都需要思考如何适应时代发展，做出人生道路选择的问题。在课前的问卷调查中，学生普遍对于未来道路选择感到迷茫，因此，课程设计依托科学家精神进行正确的职业观念、崇高的责任观念引领，有利于学生积极感受、规划、创造未来，为学生树立人生榜样。在初中学习的基础上，高中生对"科学家精神"这一宏大的概念有所了解，但是缺乏深入认识，对于其深层次的应用了解不多，对于"科学家精神"的实践更是探索有限。高中阶段更强调思维活动的综合性与逻辑性，在课程设计中关注知识的整合与提升，课程内容更广，涉及中国梦、科技发展与应用、国际竞争、辩证法等相关知识。其中科技应用和国际竞争的内容距离学生生活较远，且具有一定的专业性，因此课程情境选取较易理解的科学家的成长与科学研究实践为切入口，层层深入，引导学生深刻理解并认同科学家精神，激励其自觉传承科学家精神。初高中的课程建构依托同一实践情境，在素材选取与问题、任务的设计上充分考虑学生认知水平与接受能力，实现了学段培养的进阶，强化了思政课的育人实效。

二、一体化教学设计

（一）一体化学习主题

科学家精神

（二）一体化教学设计说明

为更好推进大中小学思政课一体化实践建设，本课结合北京理工大学图书馆弘扬科学家精神展馆开展教学，通过小初高共话"科学家精神"，引导学生弘扬和传承科学家精神。

习近平总书记指出，"一代又一代科学家心系祖国和人民，不畏艰难，无私奉献，为科学技术进步、人民生活改善、中华民族发展作出了重大贡献"。科学家精神是伟大建党精神的时代观照，是大德、公德、品德在科技界的生动写照，是赓续创新奋斗的精神血脉。学习、传承科学家精神能激励学生承担建设社会主义现代化强国、实现中华民族伟大复兴的历史使命，心系祖国、胸怀世界，不负时代的重托。

北京理工大学图书馆科学家精神教育基地收藏整理了近500位科学家的30余万件手

稿、书信、照片、图纸、档案等珍贵史料。本课程依托馆藏基地开展实地考察学习，充分发挥资源优势，彰显"大思政课"的形式价值，帮助学生亲身体验，引导学生深度参与，在实践中提升家国情怀与科学精神素养，做到立德树人。

（三）一体化学习目标与重难点

（1）学习目标

小学：学生能够从科学家的成长故事中理解科学家精神的深刻内涵；能够准确生动地讲述相关科学家成长立志的故事；能够将科学家精神融入自己的学习和成长过程，并指导自己克服困难、树立远大志向。

初中：立足于九年级下册《道德与法治》第三单元"走向未来的少年"开展大单元教学，本单元为学生初中阶段的最后一单元，强调在当代青少年走向更加广阔的世界、走向未来的过程中必须承担的历史使命与社会责任。本课进行单元整合，依托北京理工大学科学家馆藏基地中的张树政、顾诵芬、彭士禄、黄旭华、毛二可五位科学家的生平事迹，通过讲述他们的成长经历、科研道路选择及品格精神，帮助学生感受科学家的伟大与崇高，明确自己个人命运与国家、民族的未来紧密相连，激励学生树立远大志向，做有自信、懂自尊、能自强的中国人，提升家国情怀与科学精神素养，进一步培养其政治认同及责任意识。

高中：通过讲述北京理工大学"火炸药三杰"丁敬、董海山、徐更光等三位科学家的生平事迹及科学成就，充分挖掘他们的人格魅力和爱国情怀，传承红色基因，同时注重学生学科能力提升，教学内容体现了思想政治课程的综合性，帮助学生提高知识和能力综合水平，提升家国情怀与科学精神素养。

（2）学习重难点

① 小学

学习重点：初步了解科学家精神的内涵。

学习难点：将科学家精神与个体成长紧密结合。

② 初中

学习重点：理解并认同科学家精神。

学习难点：传承科学家精神，树立报国志向。

③ 高中

学习重点：中国梦与个人梦的关系；一切从实际出发，实事求是；实践与认识的辩证关系等。

学习难点：辩证法。

（四）一体化整体教学思路（见表 4-1）

表 4-1 一体化整体教学思路

贯通目标设计		目标达成方式		
		小 学	初 中	高 中
1	厚植家国情怀	通过讲述科学家故事，感受科学家对祖国的热爱之情	通过分享科学家的成长经历及科研事迹，感受科学家的伟大和崇高，感受科学家的爱国情怀，明确个人理想与家国理想的关系，树立报国志向，坚定正确的政治方向	感悟并树立将个人理想与国家发展紧密结合的崇高爱国主义精神
2	培养科学精神	围绕"敢于挑战""学会坚持"两个知识点，借助科学家的故事，体会"勇攀高峰、敢为人先的创新精神"和"淡泊名利、潜心研究的奉献精神"的内涵	通过深入挖掘科学家精神的内涵，体会科学家精神对建设社会主义现代化强国的支撑作用，培养科学素养与创新意识	充分挖掘、传承、弘扬、践行"爱国、创新、求实、奉献、协同、育人"的科学家精神，提升知识综合水平和科学研究能力，提升对科技需与中国式现代化结合的认同，坚持以科学技术的应用促进中国式现代化实践的理性精神、政治认同
3	树立责任意识	通过讨论，将初步了解到的科学家精神与自己的实际生活联系起来，从点滴做起，将行动落到实处	通过深入挖掘、探讨科学家的事迹及启示，理解科学家精神所包含的爱国、创新、求实、协同、奉献、育人等品质，树立正确的职业观，明确个人责任与家国责任，培养担当精神	通过讨论，了解科学家在育梦、追梦、圆梦、助梦的过程中主动克服困难，以国家发展需要为重提升科学素养，担负起为人民谋幸福、为国家谋复兴的责任，提升主动担当的责任意识和能力素养

第二节

小学：纸短情长悟伟大精神，科学筑梦立报国之志

一、基本信息

教师姓名：韩硕

教师学校：北京理工大学附属中学小学部

教学学段：小学

教学年级：小学低年级

教科书版本及章节：《习近平新时代中国特色社会主义思想学生读本》

二、课时教学设计

（一）课题

纸短情长悟伟大精神，科学筑梦立报国之志

（二）课型

专题复习课

（三）教学内容分析

梁启超在《少年中国说》中提出"少年强则国强"的殷切期盼。百年来，在中华民族曲折前行、走向复兴的道路上，家国情怀与报国使命成为一代又一代少年的成长主旋律。他们中的一部分，肩负起时代的责任，走向科学的园地，播撒梦想的种子，也印下了奋斗的足迹。

习近平总书记指出，"一代又一代科学家心系祖国和人民，不畏艰难，无私奉献，为科学技术进步、人民生活改善、中华民族发展作出了重大贡献"。科学家胸怀祖国、服务人民的爱国精神，勇攀高峰、敢为人先的创新精神，追求真理、严谨治学的求实精神，淡泊名利、潜心研究的奉献精神，集智攻关、团结协作的协同精神，甘为人梯、奖掖后学的育人精神，是伟大建党精神的时代观照，是大德、公德、品德在科技界的生动写照，正在全社会汇聚正能量、振奋精气神，激励更多人报国为民，赓续创新奋斗的精神血脉。

（四）学习者分析

本课主要为北京市小学低年级学生设计。课程以小学《道德与法治》教材和《习近平新时代中国特色社会主义思想学生读本》为内容基础，结合北京理工大学图书馆科学家精神教育基地资源，以大概念教学的方式生动形象地帮助学生理解和感悟科学家精神的内涵。

（五）学习目标

（1）能够从科学家的成长故事中理解科学家精神的深刻内涵。

（2）能够准确生动地讲述相关科学家成长立志的故事。

（3）能够将科学家精神融入学习和成长的过程，并指导自己克服困难，树立远大志向。

（六）学习活动设计

环节一：导入

教师活动 1

（1）请学生思考：还记得道德与法治课第四单元的学习内容吗？你能说说你都学到了什么吗？

（2）小结并导入新课：科学家为国家发展作出了巨大贡献。

学生活动 1

思考并回答问题。

环节二：介绍书信稿件，发布任务

教师活动 2

（1）请学生思考：你们想不想成为科学家？

（2）展示丁敬给黄新民的一封信，引导学生共同阅读并试着用简单的词语写下感受。

（3）出示毛二可的手稿，介绍毛二可的生平，引导学生发现美好品质。

（4）出示周立伟的学习笔记，介绍周立伟的生平，引导学生发现美好品质。

（5）小结科学家品质：勇于挑战、富有创新精神。

学生活动 2

（1）思考并回答问题。

（2）阅读书信，写词：爱国，心有祖国，爱祖国，想念祖国……

（3）阅读手稿，发现认真、严谨的美好品质。

（4）阅读学习笔记，总结美好品质：遇到困难，迎难而上。

环节三：总结升华

教师活动 3

（1）引导学生思考：你认为，要想成为一名科学家，还需要哪些精神宝藏呢？

（2）PPT 展示科学家精神的内涵，寄语总结本课。

学生活动 3

思考并回答问题：奉献、合作、无私。

（七）特色学习资源分析、技术手段应用说明

课程以"科学家书信"为教学线索，打破教材壁垒，以"科学家精神"为大概念，整合教学资源，借助北京理工大学图书馆科学家精神教育基地资源，通过科学家故事激发学生以科学家精神为内核的成长内驱力。

第三节

初中：学科学家，立报国志

一、基本信息

教师姓名：段骁峨

教师学校：北京理工大学附属中学

教学学段：初中

教学年级：九年级

教科书版本及章节：部编版《道德与法治》九下第三单元第一课

二、课时教学设计

（一）课题

学科学家，立报国志

（二）课型

学科实践活动课

（三）教学内容分析

本课立足于《道德与法治》九年级下册第三单元"走向未来的少年"，本单元强调青年人应肩负责任，不负时代的重托。在前一阶段的学习中，学生已经对不断扩大的社会生活圈有所理解，遵循从个体到国家再到世界的逻辑，本课内容重新聚焦学生自身，从国家回归个人，帮助学生畅享未来，踏上新征程，完成对已有知识的总结升华。因此，本课将大单元整合与实践课程相结合，依托科学家事迹，带领学生深入挖掘科学家的成长历程、职业道路选择及职业品质，帮助学生理解在面对未来道路选择时，要明确目标与方向，关心国家和民族的发展，引导学生理解个人与社会、国家、世界的辩证关系，自觉承担起个人的责任。同时，通过对科学家精神的学习与感受，引导学生不断提升自身的素质，爱岗敬业，努力为实现中华民族伟大复兴而奋斗。

（四）学习者分析

九年级的学生即将面临初中毕业，将来会有不同的发展道路，无论道路是怎样的，都需要思考如何适应时代发展，做出人生道路选择的问题。在前一阶段的问卷调查中，学生普遍对于未来道路选择感到迷茫，因此，本课依托科学家精神进行正确的职业观念、崇高的责任观念引领，有利于学生积极感受、规划、创造未来，为学生树立人生榜样。

授课班级在开学前参观了北京理工大学科学家精神馆藏基地，学习了科学家的相关事迹，具有一定的知识储备。

（五）学习目标

（1）通过讲述科学家的成长经历及科研事迹，感受科学家的伟大和崇高，感受科学家的爱国情怀，明确个人理想与家国理想的关系，树立报国志向，坚定正确的政治方向。

（2）通过深入挖掘、探讨科学家的事迹及启示，理解科学家精神所包含的爱国、创新、求实、协同、奉献、育人等品质，养成敬业、担当精神。

（六）学习重难点

学习重点：通过挖掘科学家事迹，理解并认同科学家精神。

学习难点：通过学习科学家事迹及成就，树立报国志向，自觉担当时代责任。

（七）学习评价设计（见表4-2）

表4-2　学习评价设计

评价方法	评价内容	评价等级
课前调查	在收集材料、解决问题时有方法	☆☆☆☆☆
	能够认真完成课前任务，自主学习	☆☆☆☆☆
	能够在课前合理分工，有小组合作意识	☆☆☆☆☆
课堂观察	具有认真的学习态度，能够高质量完成课堂学习任务	☆☆☆☆☆
	具有分工合作意识，积极主动参与讨论，高质量完成小组合作任务	☆☆☆☆☆
	能够多角度、全面地思考问题	☆☆☆☆☆
	能够积极发言、有逻辑地表达	☆☆☆☆☆
课后反馈	能够认真完成课后作业，态度端正	☆☆☆☆☆
	能够自觉传承科学家精神	☆☆☆☆☆

（八）学习活动设计

环节一：导入

教师活动1

出示课前调查问卷中的学生问题，提出疑问：如何进行职业道路的选择？导入本课。

学生活动1

课前完成"职业道路选择规划"调查，思考问题。

活动意图说明：通过课前调查问卷导入，贴近学生生活实际，承接上节所学。

环节二：生涯之路

教师活动2.1

（1）展示阅读材料，请学生进行小组讨论并分享。

（2）引导提问：张树政院士的成长经历带给你什么启示？帮助学生理解树立报效祖国的远大志向。

（3）小结：张树政院士的生涯选择是将自己的人生梦想和国家的使命结合在了一起，充分彰显了伟大的爱国精神。

学生活动2.1

阅读材料并分析，小组代表分享展示。

教师活动 2.2

（1）组织学生分享彭士禄院士的事迹，引导提问：是什么支撑着彭士禄院士攻坚克难？

（2）展示黄旭华院士资料，补充阐释科学家的奉献精神。

（3）小结：彭士禄和黄旭华院士的事迹充分彰显了胸怀祖国、服务人民的爱国精神和淡泊名利、潜心研究的奉献精神。

学生活动 2.2

（1）分享彭士禄院士的事迹并回答问题。

（2）学习黄旭华院士的事迹，形成感悟。

教师活动 2.3

（1）继续组织学生分享彭士禄院士的事迹，引导提问：彭院士还有什么品格值得我们学习？

（2）小结：加强世界科技创新强国的建设必须坚持创新作为发展第一动力，传承敢为人先、勇攀高峰的精神。

学生活动 2.3

分享彭士禄院士敢于创新的事迹并回答问题。

教师活动 2.4

（1）组织学生分享毛二可院士的事迹与名言，引导提问：毛二可院士的什么品质打动了你？

（2）小结：做科研要有淡泊名利、潜心研究的奉献精神，要"甘坐冷板凳"。

学生活动 2.4

分享并回答问题。

活动意图说明：通过学生分享、教师点拨提问的方式引导学生自主挖掘科学家事迹中的爱国、奉献、创新等品质，理解并认同科学家精神，落实教学重点。

环节三：总结升华

教师活动 3

（1）出示课前困惑，组织学生以小组为单位讨论，解决课前困惑。

（2）出示马克思名言，总结升华：要将个人梦与家国梦紧密结合，传承科学家精神，磨砺良好的品质。

（3）引用习近平总书记的寄语激励学生，总结本课内容。

学生活动 3

（1）以小组为单位讨论，为课前困惑出谋划策，并以小组为单位发言。

（2）聆听寄语，形成认知。

活动意图说明：通过"学生答疑＋教师寄语"的方式帮助学生将科学家精神与个人道路选择相结合，聚焦自身，实现价值引领，落实教学难点。

（九）作业与拓展学习设计

结合本节课所学，重新思考未来的道路选择与职业规划，以《我的职业我的梦》为题完成一篇作文，下节课上分享展示。

要求：① 500~1000 字；②内容可以包括职业梦想、考虑因素、实现路径、自己的期望等；③内容真实，感情真挚，语言流畅，书写规范。

（十）特色学习资源分析、技术手段应用说明

本课立足于北京理工大学图书馆弘扬科学家精神展馆开展实践教学，帮助学生学习和了解杰出科学家的爱国情怀，弘扬、传承科学家精神，为学生的未来人生道路提供榜样模范，激发学生的爱国热情，引导他们树立报国志向。

本课创新亮点：

（1）通过学生实地参观学习，感受科学家精神，发挥"大思政课"实践基地的育人效用，充分调动学生的主观能动性，增强学生的学习沉浸感和学习兴趣。

（2）结合九年级下册《道德与法治》教材，采用大单元的方式开展以"少年的未来选择与担当"为主题的大概念学习，充分发挥思政课内外的"立德树人"引领作用。

（十一）教学反思

本课属于实践活动后的总结课程，对学生而言，距离参观时间较远，感受可能无法还原。同时，在教学评价方面，还需进一步引导学生认同科学家精神，做到知行合一。

第四节

高中：梦想从这里起航——火炸药三杰的故事

一、基本信息

教师姓名：侯锐

教师学校：北京理工大学附属中学

教学学段：高中

教学年级：高二

教科书版本：部编版《思想政治 必修 1 中国特色社会主义》《思想政治 必修 2 经

济与社会》《思想政治 必修 4 哲学与文化》《思想政治 选择性必修 1 当代国际政治与经济》

二、课时教学设计

（一）课题

梦想从这里起航——火炸药三杰的故事

（二）课型

专题复习课

（三）教学内容分析

为更好推进大中小学思政课一体化实践建设，本课结合北京理工大学图书馆弘扬科学家精神展馆开展教学，通过小初高共话"科学家精神"，帮助学生学习和了解杰出科学家丁敬、董海山、徐更光的生平事迹及科学成就，弘扬和传承科学家精神，启发学生将科学家精神与新时代发展特征相结合，继承爱国、创新等中华优秀传统文化，弘扬以爱国主义为核心的中华民族精神，坚定对中国特色社会主义文化的政治认同，将个人梦想与中国梦紧密结合，自觉参与到为实现中华民族伟大复兴而奋斗的实践中去。

（四）学习者分析

学生对"科学家精神"这一宏大的概念有所了解，但是缺乏深入认识，对于其深层次的应用了解不多，对于"科学家精神"的实践更是探索有限。

本专题内容涉及中国梦、科技发展与应用、国际竞争、辩证法等知识，其中科技应用和国际竞争的内容距离学生生活较远，且具有一定的专业性，因此本节课选取较易理解的科学家的成长经历与科学研究实践为切入口，层层深入，引导学生深刻理解科学家精神。

（五）学习目标

本课通过讲述北京理工大学"火炸药三杰"丁敬、董海山、徐更光等三位科学家的生平事迹及科学成就，充分挖掘他们的人格魅力和爱国情怀，传承红色基因，同时注重学生学科能力的提升，教学内容体现了思想政治课程的综合性，帮助学生提高知识和能力综合水平，提升学科核心素养。

（1）热点融合

2024 年是习近平总书记在学校思想政治理论课教师座谈会发表重要讲话 5 周年，思政课要坚决贯彻"全面贯彻党的教育方针，解决好培养什么人、怎样培养人、为谁培养人这个根本问题"这一重要讲话精神，本课结合火炸药发展这一切入点，探索弘扬和传承科学家精神的新方式，启发学生结合新时代发展特征和要求，继承和发扬科学家精神，自觉参与到为实现中华民族伟大复兴而奋斗的实践中去。

（2）真实情境

采用丁敬、董海山、徐更光等三位科学家的生平事迹及科学成就的真实情境，结合北京理工大学图书馆馆藏资源，设计课堂活动，充分挖掘、传承、弘扬、践行"爱国、创新、求实、奉献、协同、育人"的科学家精神，同时与政治学科内容紧密结合，帮助学生提升能力和知识综合水平，使学生强化对科学家精神的理解，提升对科技需与中国式现代化结合的认同，坚持以科学技术的应用促进中国式现代化实践的理性精神、政治认同。

（3）知识综合

本课设计的内容涉及高中思想政治教材中的中国梦、高质量发展、唯物论、辩证法、认识论、价值观、国际竞争等知识。

（4）能力综合

本课侧重引导学生分析科学家精神，深刻理解科学技术对助力中国式现代化、实现中国梦的作用，帮助学生提升辩证思维能力和逻辑思维层次，真正实现能力综合。

（六）学习评价设计（见表4-3）

表4-3 学习评价设计

评价内容	目标达成	教师评价工具	学生评价工具	自我评价工具
科学家精神	科学思维培养 价值观念培育	课堂评价和指导	无	评价量表
中国梦	培养描述与分类、阐释与论证、反思与评价能力		小组成员就同伴的参与程度、任务完成情况以评价量表的形式进行互评	无
生活与哲学相关知识	提升阐释与论证、反思与评价能力			无
高质量发展				无
国际竞争	坚定学科学、用科学的信心，进一步提升科学精神，同时培养知识综合和能力综合水平			评价量表

（七）学习活动设计

环节一：导入

教师活动1

讲述四大发明的例子，导入本课。播放视频《火炸药在中国的发展及应用》，引入火炸药及科学家丁敬。

学生活动1

观看视频。

环节二：育梦

教师活动2

（1）引出"火炸药三杰"，展示丁敬的生平经历资料。

（2）引导学生思考问题：丁老先生身上所散发的宝贵品质有哪些？丁老师是如何处理个人理想与国家发展的关系的？

（3）引导学生思考科学家精神的内涵，总结科学家精神与科技进步、个人理想、国家发展的关系。

学生活动2

阅读材料并回答问题。

环节三：追梦

教师活动3

（1）展示董海山的生平经历材料。

（2）播放视频《徐更光》。

（3）引导学生思考问题：你又发现了两位老先生身上所散发的哪些宝贵品质？我们应如何正确对待追梦路上的挫折与挑战？

（4）聚焦科学家精神与追梦之路的关系，进一步引导学生从微观视角理解科学家精神。

学生活动3

阅读材料，观看视频并分析问题。

环节四：圆梦

教师活动4

（1）展示相关材料，说明硝酸铵的作用、炸药的重要意义。

（2）请学生以硝酸铵的应用为例，分析科学技术应如何促进国家高质量发展。

学生活动4

思考并回答问题。

环节五：助梦

教师活动5

（1）展示丁敬等老一辈革命家逐梦之路的材料。请学生综合运用所学，谈谈将如何循着前辈为我们造的梦，去实现新时代育梦、追梦、圆梦、助梦之路。

（2）用寄语方式总结本课，引导学生积极投身到助梦实践中，从而培养学生的长远眼光和协同、奉献、育人的品质。

学生活动5

思考并回答问题。

（八）板书设计（见图 4-1）

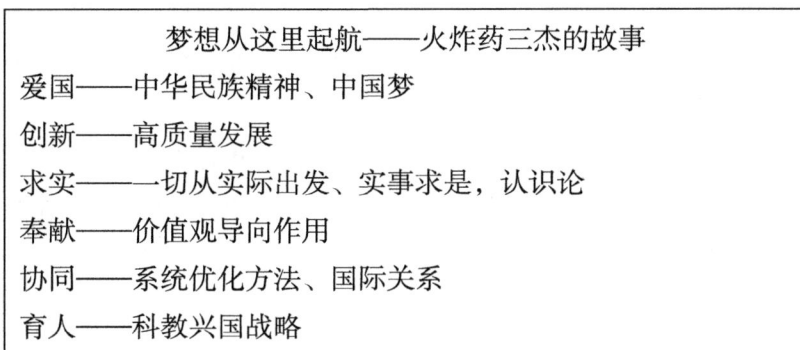

```
              梦想从这里起航——火炸药三杰的故事

  爱国——中华民族精神、中国梦

  创新——高质量发展

  求实——一切从实际出发、实事求是，认识论

  奉献——价值观导向作用

  协同——系统优化方法、国际关系

  育人——科教兴国战略
```

图 4-1　板书设计

（九）作业与拓展学习设计

（1）作业一：面向全体学生

查阅其他感兴趣的科学家事迹，研究他们的精神品质与科研成就之间的关系。

（2）作业二：面向选考学生

完成学案相关练习。

（3）作业三：面向学有余力的学生

有的科研创新项目一干就是十多年甚至几十年，心态浮躁、追逐名利的人难以收获创新的果实。唯有坐得住、钻得进、研得深、耐得住寂寞的人，才能培育出璀璨的创新之花。

科学成就也离不开精神支撑。科研特别是基础研究通常是清冷的，这需要大力弘扬科学家精神（以爱国、创新、求实、奉献、协同、育人为内核），同时全社会要进一步营造尊重劳动、尊重知识、尊重人才、尊重创造的社会氛围，让不畏劳苦沿着陡峭山路攀登的人登上科研创新的山峰。

结合材料，运用《思想政治 必修 4 哲学与文化》中的知识，论证科研创新需要科学家精神的支撑。

（十）特色学习资源分析、技术手段应用说明

结合北京理工大学图书馆科学家精神展馆中展出的珍贵资料，让学生主动参与到展览中，了解科学家的事迹与成就，感受科学家精神，充分调动学生主观能动性，增强学生的学习沉浸感和学习兴趣。

将弘扬科学家精神与高中思想政治教学结合，采用大单元教学的方式开展以"梦想从这里起航——火炸药三杰的故事"为主题的大概念学习，通过科学家精神引导，开展大思政教学，充分发挥思政课程的"立德树人"引领作用。

（十一）教学反思

初次尝试将科学家精神深度融入教学过程中，由于科学领域的专业知识储备有限，对很多背景材料无法展开深入的剖析，同时火炸药方面的专业知识也是学生的薄弱点，对教学的开展构成一定挑战。

本课采用大单元教学的形式，高中课程每节课的课容量较大，本课又涉及四本教材知识的整合，所以个别模块间的知识未能很好地融合，还需要在今后的教学实践中不断探索和尝试。

第五节

大学：习近平新时代中国特色社会主义思想概论

一、基本信息

教师姓名：李京

教师学校：北京理工大学

教学学段：大学

教学年级：大二

教科书版本及章节：《习近平新时代中国特色社会主义思想概论》

二、课时教学设计

（一）课题

薪火相传——矢志科技报国

（二）课型

新授课

（三）教学内容分析

依托北京理工大学图书馆老科学家学术成长资料馆藏基地开展实践教学，通过大量馆藏文物和翔实资料，引导学生沉浸式自主学习中国共产党领导中国科技发展的历史，充分认识科技自立自强对于新时代推进中国式现代化的重要作用。以小见大，通过深入讲解毛二可院士和他带领的雷达科研团队在攀登科研高峰中的创新实践和探索精神，引导大学生树立正确的人生观、价值观，激发创新思维和实践能力，为新时代、新征程的科学研究和技术创新作出贡献。

（四）学习目标

（1）认识和了解中国共产党带领中国科技发展的历程。

（2）充分理解科技自立自强对于新时代推进中国式现代化的重要作用。

（3）以毛二可院士及其团队三代师承的故事为切入点，充分感知科学家精神。

（4）牢固树立科技报国的鸿鹄之志，从科学家的成长故事中汲取脚踏实地、艰苦奋斗的实践力量。

（五）学习重难点

（1）充分依托和挖掘北京理工大学图书馆老科学家学术成长资料馆藏基地的资源，将馆藏资源与教学目标有机融合。

（2）通过带领学生参观北京理工大学图书馆老科学家学术成长资料馆藏基地的特展"党的事业就是我的奋斗方向"及陈列馆藏，让其体悟中国共产党带领中国科技发展的历程。

（3）以毛二可院士及三代雷达人的真实故事为重点，充分展现中华人民共和国成立以来一批我国自主培养的科技人才，服务国家发展重大需求，潜心研究，逐步带领相关领域科技走向世界尖端前沿。充分彰显科学家精神的同时，完美诠释将个人理想抱负与国家重大需求相结合，成就个人、奉献国家的范例。引导学生树立远大志向，脚踏实地，科技报国。

（六）学习活动设计

环节一：导论　科技自立自强对新时代中国特色社会主义发展的重要意义

教师活动 1

（1）出示材料：党的十八大以来国家科技事业的政策布局及发展情况。

（2）引导学生讨论：如何理解"中国式现代化关键在科技现代化"？如何理解"科学无国界，科学家有祖国"？在实现高水平科技自立自强的过程中，高校青年学生可以有哪些作为？

学生活动 2

（1）参观老科学家学术成长资料馆藏基地"党的事业就是我的奋斗方向"特展，充分了解中国共产党带领中国科技发展的历程。、

（2）分组讨论与汇报。

环节二：传承院士精神

教师活动 2

（1）讲述毛二可院士及其团队的事迹。

（2）提问并引导学生思考：从毛二可院士及其团队身上，我们可以感受到什么样的科学家精神？个人发展、梦想如何与国家社会经济发展的重大需求相统一？

（3）总结本课，鼓励学生继承和发扬老一辈艰苦奋斗、科技报国的优良传统，以与时

俱进的精神、革故鼎新的勇气、坚忍不拔的定力，肩负起时代赋予的重任，努力实现高水平科技自立自强。

学生活动 2

思考并回答问题。

（七）作业与拓展学习设计

（1）分享自己知道的科学家故事，探讨科学家精神对个人成长的影响。

（2）思考如何在自己的学习和生活中践行科学家精神。

（八）教学反思

在展览馆开展"大思政课"是一种有益的尝试和创新，将课堂搬到专业展览馆，让学生在实物、实景中感受历史、文化和科技的魅力，不仅丰富了教学内容，也提高了学生的学习兴趣和参与度。在实际教学过程中，发现一些有待进一步深入研究和改进的问题。

第一，教学内容与展览馆资源的融合问题。需要深入挖掘展览馆等"大思政课"资源与课程内容的契合点，使二者能够有机结合，相互印证。

第二，学生与教师的互动有待提升。虽然展览馆等"大思政课"的环境和资源能够吸引学生的注意力，但如何让学生真正参与进来，成为学习的主体，仍须进一步深入探索。

第三，教学方法有待进一步创新。在展览馆开展"大思政课"，需要打破传统的教学方法和模式。然而，在实际教学中，我们仍然会受到课堂讲授的束缚，难以充分发挥展览馆的优势。因此，还需要不断探索和创新教学方法，如情境模拟、案例分析、研究性学习等，以适应"大思政课"环境的特点和需求。

【专家点评】

该章节课例突出情境教学理念，以"科学家精神"这一典型情境概念为载体，结合北京理工大学图书馆资源开展教学，体现典型性。不同学段围绕科学家事迹设计教学活动，让学生深刻感受科学家精神内涵，从小学的故事感悟到高中的理论结合实践，层层递进，有效实现育人目标。各学段教学内容紧密结合学科知识，紧紧围绕"科学家精神"这一典型情境概念展开，与学科概念挂钩，促进学生对学科知识的理解与运用，提升学科核心素养。同时，充分考虑学生认知水平和接受能力，如初中针对学生对未来道路选择的迷茫，以科学家精神为引导；高中选取易理解的科学家成长经历，降低了学习难度，育人实效得到了较好地强化。

但也存在着一些可以继续深化的地方，比如小学案例中，部分教学活动可能侧重教学形式的创新，在内容方面对科学家精神的深度挖掘不足，学生理解的层次可以经过进一步引导而走向深化。大学阶段虽提及依托馆藏基地开展实践教学，但教学活动设计相对简略，缺乏详细的实施步骤和深度探究。

综上，小学阶段的教学可以适当增加互动环节，引导学生深入思考科学家精神的内涵；大学阶段可以进一步细化教学活动设计，增加学生自主探究和实践体验环节，促进学生深度参与和深度思考。

（点评人：北京理工大学马克思主义学院 李洁）

第五章

问题导向，提升思政育人成效

第一节
一体化教学分析与设计

一、一体化教学分析

在新时代背景下，思政教育肩负着培养社会主义建设者和接班人的重要使命。思政教育需紧跟时代步伐，不断创新教学方法，提升育人成效。问题导向教学法作为一种以学生为中心、注重实践与应用的教学理念与方法，为初高中思政教育的高质量发展与融合提供了新的思路与方向。

（一）以学生为中心的问题导向教学法

问题导向教学法打破了传统教学中教师主导、学生被动接受知识的模式，将学生置于学习的核心位置。它强调学生不再是知识的被动容器，而是知识的主动探索者与构建者。在这一过程中，学生通过自主提出问题、深入分析问题并尝试解决问题，充分激发自身的学习兴趣与内在主动性。例如在思政课堂上，当探讨社会热点议题时，学生可以基于自己的观察与思考提出问题，而不是等待教师的提问与讲解。

问题应具备真实性、复杂性、开放性和适应性。问题的真实性，即问题须紧密联系实际情境。以思政教育为例，学生面临的社会现象、国家发展中的问题等都可作为问题的来源。问题的复杂性，即问题应具备多个层面与维度，要求学生综合运用多学科知识与多种技能来解决。在高中思政课程中，"如何在实现经济高质量发展的同时保障生态环境可持续"这一问题涉及经济学、生态学、政治学等多学科知识，学生需要整合不同学科的思维与方法，从而培养综合思维与跨学科解决问题的能力。问题的开放性，即问题应具有多种可能的解决方案或思路。在讨论"如何推动高质量发展"时，学生可以从创新、构建新发展格局、产业升级、区域协调、绿色发展等多个角度提出创新性的想法，激发创造力与想象力，培养批判性思维，学会从不同视角审视问题。问题的适应性，即问题的设置要契合学生的知识水平与能力。在初中阶段，问题应基于学生的生活经验与认知基础，具有一定挑战性但又能让学生通过努力解决，确保学生在解决问题过程中既能获得成就感，又能不断提升自身能力。

学习的过程要以问题为中心力求完整性。问题的提出是学习的起始点。教师可以通过创设情境，如展示一段关于科技创新成果改变生活的视频，引导学生提出问题，如"科技创新如何推动经济发展"等。这些问题源于学生对情境的观察与思考，能迅速激发他们的好奇心与探索欲。学生在教师的引导下，对提出的问题进行深入剖析。这不仅包括对问题本身的拆解，还涉及对相关知识的梳理与整合。在分析"科技创新如何推动经济发展"时，学生需要回顾初中所学的科技对生产力的影响等知识，并结合高中学习的经济发展理论，如产业升级、创新驱动发展战略等，初步构想问题的解决方案。学生运用所学知识与技能，通过多种方式解决问题。可以是实际操作，如开展市场调研了解某一创新产品的市场影响；小组讨论，共同探讨解决方案的可行性；资料查阅，收集相关数据与案例来支持自己的观点。在这一过程中，学生不断尝试、修正与完善解决方案，其批判性思维与解决问题的能力得到有效锻炼，学会质疑、分析与评估各种信息，找到最佳解决方案。

（二）问题导向教学法在初高中思政教育中的重要作用

在初中道德与法治课程中，以"富强与创新"单元为例，通过问题导向教学法，学生不再是简单地背诵创新的概念与意义，而是深入思考"为什么说创新是国家发展的动力"。学生通过收集我国科技创新成果的案例，分析这些成果如何推动产业发展、改善人民生活，加深对创新意义的理解与记忆，实现从浅层次知识记忆到深层次知识理解的转变。在高中思政课程探讨"高质量发展"时，学生围绕"高质量发展的内涵与实现路径"这一问题，深入研究经济发展的各个方面，包括产业结构调整、资源配置优化等。通过对这些问题的深入分析与讨论，学生能够系统掌握高质量发展的理论知识，并将其与实际经济现象相结合，深化对知识的理解与运用。

在学习中国的发展成就与面临的挑战时，学生通过问题导向教学法，对诸如"如何解决我国在经济发展过程中面临的环境问题"等问题进行讨论。学生需要对不同的观点与解决方案进行质疑、反思与评估，如有人提出加大环保投入，有人提出调整产业结构等，在这一过程中，学生逐渐学会理性思考，不盲目接受观点，培养初步的批判性思维。通过对比、评估不同观点，学生能够形成独立思考的能力，从不同角度审视经济问题，培养更为成熟的批判性思维。

在学习"如何通过创新推动发展"相关内容时，学生通过参与社会实践活动，阅读相关材料来策划活动方案、组织实施等实际操作，锻炼了自己的问题解决能力，学会将思政知识运用到实际生活中。在面对"如何构建新发展格局"这一复杂问题时，学生通过小组合作，运用所学的经济、政治等知识，制订调研计划，分析国内外经济形势，提出具体的策略建议。在这一过程中，学生的问题解决能力得到进一步提升，学生能够灵活运用多种知识与方法应对实际问题。在开展"关于本地经济高质量发展的调研"项目时，学生组成团队，共同确定调研主题、设计问卷、进行访谈、分析数据并撰写报告。在整个过程中，学生需要密切协作，相互支持，解决遇到的各种问题，进一步增强团队合作精神与协作能力。

（三）结合初高中思政教育内容，运用问题导向教学法提升育人成效

初中《道德与法治》九年级上册教材以社会主义核心价值观国家层面的价值要求为主线，展示中国发展的历程。在"富强与创新"单元，教师可以运用问题导向教学法，创设如下教学情境：展示我国改革开放前后人民生活水平变化的图片与数据，引导学生提出问题，如"改革开放为什么能带来如此巨大的变化""创新在其中起到了怎样的作用"。在教学过程中，针对"创新驱动发展"这一课，教师引导学生分析我国科技、教育发展现状，让学生分组讨论"我国在科技领域取得成就的同时还面临哪些挑战"。学生通过查阅资料、分析案例，提出自己的观点。在解决问题阶段，学生可以制定一份关于如何提高青少年科技创新意识的倡议书，将所学知识运用到实际行动中，增强对国家发展战略的理解与认同。

高中思政课程在社会主义基本经济制度和市场经济体制背景下，探讨经济社会发展的基本问题。在第三课关于"高质量发展"的教学中，教师可以展示一些地区经济发展的实际案例，提出问题，如"该地区在推动高质量发展过程中采取了哪些措施，这些措施的合理性与局限性是什么"。学生在分析问题时，需要运用所学的新发展理念、现代化经济体系等知识，对案例进行深入剖析。在解决问题阶段，学生可以以小组为单位，为该地区制定一份更完善的高质量发展规划，提出具体的政策建议，如优化产业结构、加大科技创新投入等，培养运用经济理论解决实际问题的能力。

初中阶段对创新、国家发展等基础知识的学习是高中阶段深入学习经济发展理论的基础。在高中教学中，教师可以通过回顾初中所学的创新对国家发展的重要性，引导学生进一步探讨创新在推动高质量发展中的核心作用，如从科技创新对企业发展的影响，延伸到创新如何带动产业升级，实现经济发展方式的转变。初中阶段培养的简单逻辑思维与问题分析能力，在高中阶段通过问题导向教学法得到进一步提升。教师在高中教学中，要引导学生从直观认知向理性分析转变，如在分析经济问题时，从关注现象到深入剖析本质、规律，培养学生的辩证思维与系统思维。

（四）以习近平总书记讲话精神为指引，深化问题导向教学法在思政教育中的应用

习近平总书记强调思政课教师"要给学生心灵埋下真善美的种子，引导学生扣好人生

第一粒扣子"。问题导向教学法正是实现这一目标的有效途径。通过设置真实、有意义的问题，引导学生思考社会现象、国家发展等问题，让学生在解决问题的过程中树立正确的世界观、人生观与价值观。同时，习近平总书记指出思政教育"要坚持理论性和实践性相统一，用科学理论培养人，重视思政课的实践性，把思政小课堂同社会大课堂结合起来"。问题导向教学法注重实践与应用，通过让学生参与社会实践、调研等活动，提出并解决实际问题，实现了思政小课堂与社会大课堂的有机结合，提升了思政教育的实效性与吸引力。在新时代，我们应紧密围绕习近平总书记对思政教育的要求，不断探索与创新问题导向教学法在初高中思政教育中的应用，促进初高中思政教育的高质量发展与融合，为培养德智体美劳全面发展的社会主义建设者和接班人贡献力量。

二、一体化教学设计

（一）一体化学习主题

高质量发展

（二）一体化教学设计说明

为更好推进大中小学思政课一体化实践建设，本课结合北京理工大学附属中学学情开展教学，通过初高共话"创新推动发展"，引导学生深入理解只有创新才能推动高质量发展。

党的二十大报告指出，"我们创立了新时代中国特色社会主义思想，明确坚持和发展中国特色社会主义的基本方略，提出一系列治国理政新理念新思想新战略，实现了马克思主义中国化时代化新的飞跃，坚持不懈用这一创新理论武装头脑、指导实践、推动工作，为新时代党和国家事业发展提供了根本遵循"，"我们提出并贯彻新发展理念，着力推进高质量发展，推动构建新发展格局，实施供给侧结构性改革，制定一系列具有全局性意义的区域重大战略，我国经济实力实现历史性跃升"。习近平总书记强调"创新是引领发展的第一动力，是建设现代化经济体系的战略支撑"，这为单元学习指明了方向。

本主题单元整合初中九年级上册《道德与法治》"创新驱动发展"与高中相关经济发展内容，旨在构建连贯的学习体系，助力学生深入理解国家发展战略。初中阶段围绕社会主义核心价值观国家层面的价值要求，在"创新驱动发展"部分，引导学生了解我国科技、教育发展现状，认识创新对国家发展的重要性，为学生奠定对创新的基础认知，激发学生的爱国热情和创新意识。高中阶段在社会主义基本经济制度和市场经济体制的背景下，深入探讨新时代经济发展的理念和实践，重点阐释高质量发展，让学生从经济发展规律和社会发展战略高度理解创新驱动的深层意义。初中对创新的基础认知，如创新推动经济发展、是实现民族复兴的动力等，为高中学习经济发展理论提供基石。高中进一步深化，从产业升级、经济结构调整等方面，将创新融入宏观经济发展框架，让学生理解创新如何驱动高质量发展，形成完整的知识体系。初中注重培养学生的形象思维和初步逻辑思维，通过具体事例感知创新。高中着重培养抽象思维和辩证思维，引导学生从经济发展战略、社会发展全局等角度深入思考创新，如分析创新在构建新发展格局中的作用。这种衔接有助于学生思维能力的逐步提升，实现从感性认识到理性分析的跨越，使学生更好地理解国家发展战略，增强对中国特色社会主义发展道路的认同，成为担当民族复兴大任的时代新人。

（三）一体化学习目标与重难点

（1）学习目标

初中：第一单元以富强与创新为主题，讲述改革开放的故事，改革激发创新、创新驱动发展，推动我国经济高质量发展，实现国家富强、人民幸福。学生能够清晰阐述改革开放的历程、成就及其对中国经济社会发展的深远影响，理解改革与创新之间的内在联系，明确改革是如何激发创新活力，创新又是怎样驱动经济发展的；全面掌握创新的内涵、表现形式以及在当今时代的重要意义，准确描述我国在科技、教育发展方面的现状，深入理解以国内大循环为主体、国内国际双循环相互促进的新发展格局。学生能够从具体的经济社会现象中，剖析出改革与创新所发挥的作用，以及我国在科技创新发展过程中面临的机遇与挑战。提升学生的信息收集与整合能力，使其能够通过多种渠道获取关于我国科技、教育发展以及创新成果的信息，并进行有效的归纳总结。锻炼学生的批判性思维能力，引导学生对我国建设世界科技创新强国的相关政策和举措进行思考和评价，提出自己的见解和建议。激发学生对改革开放的认同感和自豪感，增强学生对国家发展的信心，培养学生的爱国情怀。培养学生的创新意识和创新精神，使学生认识到创新对于个人成长和国家发展的重要性，鼓励学生积极投身于创新实践。增强学生的社会责任感，引导学生关注国家科技创新发展战略，树立为实现中华民族伟大复兴而努力学习的远大志向。

高中：通过本单元的教学，引导学生正确认识以人民为中心的发展思想；懂得要解决好发展不平衡不充分的问题，必须完整、准确、全面贯彻创新、协调、绿色、开放、共享的新发展理念；懂得全面建成社会主义现代化强国，必须加快构建新发展格局，着力推动高质量发展；正确认识我国现阶段个人收入分配制度；懂得劳动是财富的源泉，树立劳动最光荣、劳动最崇高、劳动最伟大、劳动最美丽的观念；懂得完善个人收入分配是保障改革发展成果更多更公平惠及全体人民、实现共同富裕的必然要求；正确认识我国多种多样的社会保障及其发挥的作用；正确认识现阶段我国完善社会保障体系的政策；坚定"四个自信"，提升全面建设社会主义现代化国家的本领。

（2）学习重难点

①初中

重点：了解创新如何推动人类社会向前发展，以及其在实现中华民族伟大复兴征程中的关键作用；建设世界科技创新强国的具体举措，如加大科技研发投入、培养创新人才、完善科技创新体制机制等方面的内容。

难点：深刻认识到科技创新是引领发展的第一动力，理解科技创新如何从根本上改变经济发展方式，推动产业升级，实现高质量发展，克服对科技创新作用理解的表面化和片面性。从我国的国情出发，思考在科技、教育发展现状的基础上，如何有效推进科技创新强国建设，培养运用所学知识分析和解决实际问题的能力。

②高中

重点：了解推动高质量发展的原因和如何推动经济高质量发展；通过吉利汽车转型的案例，把握高质量发展的内涵，探究吉利汽车是怎样通过转变发展方式来实现高质量发展的。

难点：通过吉利汽车转型的案例，探究如何构建新发展格局，经济高质量发展的实现路径和国内大循环与国际循环的关系。

（四）一体化整体教学思路（见表5-1）

表 5-1　一体化整体教学思路

贯通目标设计		目标达成方式	
		初　中	高　中
1	深化对经济高质量发展的认识	通过分析低空经济在不同领域带来的发展优势，明确低空经济作为新质生产力的新引擎能够推动我国经济高质量发展，使学生感悟创新的意义，树立创新意识	通过展示三次亚运会的发展，让学生进一步理解什么是高质量发展，提升学生获取和解读信息的学科能力
2	运用理论知识解决复杂经济问题	通过分析北京在发展低空经济中采取的举措，让学生从中获得我国发展低空经济的相关启示，树立建设世界科技创新强国的信心	通过小组合作探究吉利汽车具体的转型发展措施，提高学生调动和运用知识、论证和探讨问题的学科能力；通过吉利汽车的成功案例，引导学生进一步理解转变发展方式与高质量发展
3	厚植家国情怀，树立责任意识	通过探究低空经济带来的机遇和挑战，明确职业与时代的关系，从而使学生自觉地适应时代要求，做好职业准备，合理规划人生，树立为实现中华民族伟大复兴而奋斗的志向，增强责任意识	通过经济堵点（吉利芯片短缺）来引导学生理解畅通国内大循环最重要的环节就是创新，思考我国在芯片领域面临的挑战和应对措施，从而理解贯彻新发展理念、构建新发展格局的必要性。让学生结合生活实际，讨论创新对经济社会发展的影响，增强对党的经济政策及方针的理解和认同

第二节
初中：创新驱动发展

一、基本信息

教师姓名：张艳

教师学校：北京理工大学附属中学

教学学段：初中

教学年级：九年级

教科书版本及章节：部编版《道德与法治》九上第一单元第二课第一节

二、课时教学设计

（一）课题

创新驱动发展

（二）课型

学科活动探究课

（三）教学内容分析

《道德与法治》九年级上册以社会主义核心价值观国家层面的价值要求为思想主线，展示中国发展的历史进程、取得的伟大成就、面临的时代挑战和积极应对的方式，让学生关注国家发展，讲述中国故事，弘扬中国精神，传递中国力量，与祖国共成长，做自信的中国人。

第一单元以富强与创新为主题，讲述改革开放的故事，改革激发创新，创新驱动发展，推动我国经济高质量发展，实现国家富强、人民幸福。"创新驱动发展"居于本单元第二课，重点阐释创新的意义和如何建设世界科技创新强国。《义务教育道德与法治课程标准（2022 年版）》将第四学段（7~9 年级）的学习主题分为五个：生命安全与健康教育、法治教育、中华优秀传统文化教育、革命传统教育、国情教育。"创新驱动发展"主要和法治教育、国情教育相关。

（四）学习者分析

初三学生在之前的学习中，已经积累了一定的科学常识和社会学科基础知识，能初步理解创新在科技领域的体现，知晓科技创新对社会变革产生的巨大推动作用，这为理解创新驱动发展的历史意义奠定了基础。大部分初三学生对科技创新相关内容怀有浓厚兴趣，尤其对一些炫酷的科技产品和新奇的科技发明充满好奇。例如，太空探索技术、虚拟现实技术等，这些前沿科技容易激发学生的学习热情。在日常生活中，初三学生切实感受到了创新带来的便利。但这种兴趣多停留在表面的新奇感上，对于"创新驱动发展"背后深层次的理论知识和社会价值，学生主动探索的兴趣不足，而且"创新驱动发展"涉及较为抽象的经济、科技与社会发展关系的概念。学生虽有一定知识基础，但将创新上升到国家发展战略层面时，学生较难理解其背后复杂的经济逻辑和社会系统影响。例如，学生难以结合已学知识理解创新如何带动产业升级、优化经济结构，因为这需要综合运用多学科知识进行深入分析。因此，本课引导学生挖掘生活经验背后的理论知识，帮助他们建立起从生活到知识的桥梁，启发学生关注科技创新成果产生的社会经济背景、发展战略意义。

（五）学习目标

（1）通过分析低空经济在不同领域带来的发展优势，感受创新的力量，明确创新的意义，树立创新意识。

（2）通过分析北京做强低空经济采取的举措，进一步明确我们建设世界科技创新强国的方向，感受我国科技进步取得的成就，增强民族自豪感，树立政治认同。

（3）通过了解低空经济带来的机遇和挑战，明晰个人努力方向，合理规划人生，认同劳动创造价值，树立为实现中华民族伟大复兴而奋斗的志向，增强责任意识。

（六）学习重难点

创新的意义、如何建设世界科技创新强国。

（七）学习活动设计

导入新课

在拥堵的早高峰打个"空中的士"上班，吃一顿无人机配送的外卖炸鸡，乘坐"飞行汽车"来一场低空观光游览……科幻电影中的场景，正在逐渐走进现实生活，这背后离不开一个热词——低空经济。

环节一：低空经济——新质生产力的新引擎

教师活动1

（1）播放视频，介绍什么是低空经济。

（2）展示低空经济与农业农村、物流运输、旅游、交通出行、城市管理融合发展的五则材料，请学生分小组讨论，每组选一则材料，分析低空经济给我们的生活、生产带来的积极影响。

学生活动1

观看视频并思考、回答问题：低空经济可以提高农业生产效率；节约人力成本、提高效率、减少安全隐患；满足消费者多样化、个性化需求；减少交通压力，提供快速交通服务；优化城市管理，提高城市服务水平。

活动意图说明：通过分析低空经济在不同领域带来的发展优势，明确低空经济作为新质生产力的新引擎能够推动我国经济高质量发展，感悟创新的意义，树立创新意识。

环节二：抢占低空赛道，竞逐"天空之城"

教师活动 2

低空经济带动相关产业和行业的发展，具有广阔的市场前景和发展潜力，我们国家制定举措为低空经济的发展提供政策支持。在政策支持下，各个城市抢占低空赛道，竞逐"天空之城"。请学生根据表 5-2，了解北京采取了哪些重要举措。

表 5-2　任务单

低空经济，北京行动	启　示
充分利用航天、航空、航发、电科等央企研究院及清华、北航、北理工、中科院等相关研究院所的科研力量	
着力在无人机高能化、智能化及通用化等方面开展关键核心技术攻关，促进高水平科技成果不断涌现	
中关村延庆园已集聚了航天时代飞鸿、远度互联、清航装备、航天宏图等一批优质企业，总投资超 12 亿元的国内首个无人智能产业数字化生产基地已启动建设，将满足无人系统装备研发、批产、试验及培训等全方面需求	
搭建适航试飞等专业技术服务平台，牵头组建产学研协同、上下游衔接的创新联合体，不断营造有助于无人机创新发展的环境	

学生活动 2

思考：北京作为国际科技创新中心，在做强低空经济方面采取了一系列举措，为我国发展低空经济提供了哪些有益的启示？完成表 5-2。

活动意图说明：通过分析北京在发展低空经济中采取的举措，获得我国发展低空经济的相关启示，树立建设世界科技创新强国的信心，增强民族自豪感。

环节三：立足时代，把握机遇

教师活动 3

2024 年是中华人民共和国成立 75 周年，低空经济作为新质生产力的代表，是推动我国经济高质量发展和中国式现代化的新引擎。

低空经济的发展，为青年择业、就业提供了新的方向，为广大青年特别是相关科技工作者搭建了施展才华、实现人生价值的广阔舞台。在走向未来的征程中，我们还会遇到新的挑战、新的机遇。

请学生结合所学知识，谈谈应该如何应对机遇和挑战，青少年可以为实现中华民族伟大复兴作哪些贡献。

学生活动3

思考并回答：改革激发创新，创新推动发展，作为新时代的青年，我们要树立远大理想，关注国家和社会发展，培养创新精神，为实现中华民族伟大复兴贡献自己的力量，做担当民族复兴大任的时代新人。

活动意图说明：通过探究低空经济带来的机遇和挑战，理解职业与时代的关系，从而自觉地适应时代要求，做好职业准备，合理规划人生，树立为实现中华民族伟大复兴而奋斗的志向，增强责任意识。

（八）教学反思与改进

（1）坚持立德树人，注重价值引领

道德与法治课程承担立德树人的重要任务，依托鲜活、丰富的资源，学生能够积极地运用知识、参与活动、互动探究，从而生发出对当代成就、对家国的敬重、认同和热爱，发挥育人价值。

（2）紧扣时政热点，重视资源的典型性和适切性

道德与法治课程具有很强的时代性，在选择课程资源的过程中要结合社会发展实际，同时也要立足学生实际，考虑学生的兴趣、能力和素养水平。2024年3月5日，李强总理在作政府工作报告时强调"大力推进现代化产业体系建设，加快发展新质生产力"，积极打造生物制造、商业航天、低空经济等新增长引擎。本节课深入挖掘低空经济、新质生产力的教学资源，明晰创新发展的意义和举措，学生在了解时政热点的同时也学习应用所学知识分析问题、解决问题。

（3）善于归纳总结，提供答题方法

这节课作为复习课，不能仅仅停留在创新本身，要关注知识之间的联系。在环节三中，学生从不同角度梳理出青少年在实现中国梦的道路上应该怎么做，丰富了本节课的教学内容，整合了知识。学生在解答主观题时多角度思考问题，构建知识网络结构体系，提升分析问题、解决问题的能力。

（4）教学改进

明晰核心素养与课程内容、情境、任务活动之间的关系。道德与法治课程的内容综合性强，核心素养的培育是各学科共同培育的结果，不能以某个核心素养对应某个内容主题，每个核心素养要素都是跨学科培育的结果。在以后的教学中，要关注跨学科教学，处理好课程内容、情境、任务活动的关系，落实核心素养的培育。

第三节

高中：揭秘亚运——创新驱动高质量发展

一、基本信息

教师姓名：李诗奇

教师学校：北京理工大学附属中学

教学学段：高中

教学年级：高一

教科书版本及章节：部编版《思想政治 必修 2 经济与社会》第二单元第三课第二框

二、课时教学设计

（一）课题

揭秘亚运——创新驱动高质量发展

（二）课型

学科活动探究课

（三）教学内容分析

本单元讲述在社会主义基本经济制度和市场经济体制背景下，我国经济要发展与社会要进步必须回答、解决的最基本问题，具体讲述了指导我国经济社会建设的新思想、新理念、新格局和建设中有关收入分配公平、共同富裕、社会保障的基本问题。在新时代下推动社会主义现代化强国建设需要立足新发展阶段、贯彻新发展理念、构建新发展格局、推动高质量发展，促进共同富裕，进一步科学回答"实现什么样的发展、怎样实现发展"的问题，深刻揭示实现更高质量、更有效率、更加公平、更可持续发展的必由之路，深化中国共产党对中国特色社会主义经济发展规律的认识，丰富和发展中国特色社会主义政治经济学，开拓中国特色社会主义政治经济学新境界。第三课介绍了我国新时代的经济发展以及新时代如何推进中国特色社会主义经济社会建设取得更伟大的新成就。本框分为两目，第一目是全面建设社会主义现代化国家的首要任务，需要掌握高质量发展的内涵和推动高质量发展的原因。第二目是加快构建新发展格局，阐释应该怎样推动高质量发展，强调推动经济高质量发展必须建设好现代化经济体系。本课的教学重点主要围绕"高质量发展"展开，论证"高质量发展与转变发展方式"在实践中的运用，要求学生能结合实践对宏观经济中的具体事例做出全面系统的阐释。

（四）学习者分析

本课教授的对象是高一学生，高一学生的心智相对成熟，通过初中阶段的积累和对必修 1 的学习，学生对改革开放以来我国取得的经济成就有了比较深的感悟，初步掌握了一定的经济学知识，必修 2 第一单元"生产资料所有制与经济体制"又让学生在宏观上了解了我国的基本经济制度，这些都为第二单元学习我国"经济发展与社会进步"奠定基础。但是学生对"高质量发展""新发展格局""国内大循环"这些经济学专业术语比较陌生，会产生一定的学习障碍。经济是与我们生活联系最为紧密的部分，学生学习经济知识的兴趣浓厚，但用经济理论解决实际问题的能力较弱，因此提升用经济理论分析经济现象和参与经济生活的能力十分必要。在教学环节的设计上，要贴近学生实际，充分调动学生的学习积极性和主动性，结合学生的阅历，设计实践操作环节，增强探究活动的可操作性，以便提高学生的学科核心素养，增强其实践能力。

（五）学习目标

（1）明晰当前我国经济已由高速度增长阶段向高质量发展阶段转变，理解当前我国必须坚持新发展理念，破解发展难题，增强发展动力，厚植发展优势，推动经济高质量发展。

（2）通过归纳总结寻找我国举办北京亚运会、广州亚运会和杭州亚运会的变化，提高获取和解读信息的学科关键能力。

（3）通过小组合作，探究吉利汽车是怎样通过转变发展方式来实现高质量发展的，加深对高质量发展的理解，增强用理论解决实践问题的水平，提高调动和运用知识、论证和探讨问题的学科能力，培养科学精神。

（4）通过了解芯片堵点制约经济的畅通发展，理解和认同当前我国必须贯彻新发展理念、构建新发展格局，推动高质量发展，进一步理解新时代下党的政策方针，从而增强政治认同。

（5）能够根据实际情况，运用新发展理念和高质量发展的知识对经济社会发展提出合理化建议，增强公共参与的热情和能力。

（六）学习评价设计（见表 5-3）

表 5-3　学习评价设计

等级水平	等 级 描 述
水平 4	表现性评价层面：讨论发言紧扣话题且典型具体，多角度体现高质量发展；逻辑严密，条理清晰；表达流利，自信大方 过程性评价层面：活动目标明确、恰当；在小组活动中能积极参与资料搜集、整理；与小组同学配合主动；搜集信息充分、精当；流利地表达观点；对高质量发展的认识深刻、独到

等级水平	等 级 描 述
水平 3	表现性评价层面：讨论发言能扣住话题且典型具体，较为体系地展现高质量发展的内容；逻辑性较强，有条理；表达比较流利、自信 过程性评价层面：活动目标比较明确、恰当；在小组活动中能比较积极地参与资料搜集、整理；与小组同学配合较好；搜集信息充分但不够精当；比较流利地表达观点；对高质量发展的认识相对深刻
水平 2	表现性评价层面：讨论发言围绕话题但不具体；言之无物，且论述缺乏逻辑，条理性较差 过程性评价层面：活动目标不够明确、恰当；在小组活动中能参与资料搜集、整理；注意与小组同学配合；搜集信息不够充分；能够主动表达观点；对高质量发展有一定的认识
水平 1	表现性评价层面：讨论发言脱离话题 过程性评价层面：活动目标不明确；不参与、不配合小组活动；搜集信息不充分；不能够明确表达观点；对高质量发展的认识不深入

（七）学习活动设计

环节一：导入·杭州亚运会火热出圈

教师活动 1

请学生结合杭州亚运会的三幅图片简单描述直观感受，并作简单解说。

学生活动 1

结合图片谈一谈自己对杭州亚运会的直观感受。

活动意图说明：通过火热的智能杭州亚会，运让学生初步感受高质量发展。

环节二：探源·从亚运发展史"看"高质量发展

教师活动 2

通过视频和文字材料展示 1990 年北京亚运会、2010 年广州亚运会和 2023 年杭州亚运会的情况；组织学生分析问题并做总结。

学生活动 2

结合视频《亚运发展史》以及学案上的补充材料完成表 5-4，并分析说明中国举办亚运会取得了哪些进步，杭州亚运会相比前两次亚运会好在哪里。

表 5-4　三次亚运会的对比

时间	地点	GDP	交通	场馆设施	生态环境	其他
1990 年	北京					
2010 年	广州					
2023 年	杭州					
杭州亚运会好在哪里？						

活动意图说明：通过展示三次亚运会的发展，让学生进一步理解什么是高质量发展，提升学生获取和解读信息的学科能力。亚运会发展得越来越好的背后体现的是高质量发展，从北京亚运会举全国之力，到杭州智能亚运会，体现了我们的发展从"有没有"转向"好不好"。从绿色燃料、创新技术、智能化场馆、惠民共享可知杭州亚运会能够很好满足人民日益增长的美好生活需要，体现出新发展理念。

环节三：理路·从亚运合作方"解"高质量发展

教师活动3

（1）请学生任选学案中的一个材料，结合所学，分析吉利汽车是怎样通过转变发展方式来实现高质量发展的。要求：①围绕所选材料主题，以小组为单位进行讨论、探究。②把吉利汽车具体的转型发展措施写下来，并派小组代表上台展示。

（2）总结学生发言，讲授怎样实现高质量发展。

学生活动3

以小组为单位进行讨论、探究，分析吉利汽车是怎样通过转变发展方式来实现高质量发展的，并由小组代表展示合作成果。

活动意图说明：通过小组合作探究，分析吉利汽车具体的转型发展措施，提高调动和运用知识、论证和探讨问题的学科能力；通过吉利汽车的成功案例，引导学生进一步理解转变发展方式与高质量发展。

环节四：布局·从新发展格局"绘"高质量发展

教师活动4

通过材料，展示吉利芯片短缺的问题。提问：缺芯对吉利有何影响？引导学生回答并做总结。

学生活动4

结合材料，思考缺芯对吉利的影响，讨论并回答问题。

活动意图说明：通过经济堵点（吉利芯片短缺）来引导学生理解要促进经济循环畅通，就要推进国内大循环和国内国际双循环，而畅通国内大循环最重要的环节就是创新，因此必须提升供给体系的创新力和关联性，优化供给结构，改善供给质量，从而引领消费，实现供需的良性互动，提升国内大循环的动力和效率，繁荣国内经济，进而带动世界经济发展，促进国际循环，以国内大循环为主体，国内国际双循环相互促进。这有助于深化学生对高质量发展的认识，使其认识到构建新发展格局的重要性。

（八）作业与拓展学习设计

（1）基础性作业：结合时政和所学知识，小组合作设计一道关于本课内容的主观题，并设计相应答案。

（2）拓展性作业：结合所学知识，通过网上查阅资料或者实地走访，写一篇关于北京市或海淀区构建新发展格局政策的调研报告。

活动意图说明：通过设计基础性和拓展性相结合的课后作业，引导学生查漏补缺，巩固所学知识。拓展性作业体现了分层教学思想，满足学生的个性化发展需求，并且更强调实践性，引导学生运用所学知识解决社会生活中的实际问题，提升实践操作能力。

（九）特色学习资源分析、技术手段应用说明

（1）设备：摄像机、多媒体设备等。

（2）参考资料：《高举中国特色社会主义伟大旗帜 为全面建设社会主义现代化国家而团结奋斗——在中国共产党第二十次全国代表大会上的报告》；《在庆祝中国共产党成立100周年大会上的讲话》；《中国经济这十年》，经济科学出版社；《中国式现代化》，中国人民大学出版社；关于"亚运会"的媒体报道等。

（十）教学反思

（1）教师主导性与学生主体性相统一

教师主导侧重强调教相对于学的逻辑优先性，而学生主体则强调学相对于教的价值优先性。教学过程中将素材与知识进行了较好的融合，着眼于学生的生活体验和学科核心素养的培育，同时承载了学科内容与价值引领。教学过程应当是一个思想双向流动的过程，教师与学生之间应当建立稳固的呼应关系，一方有所呼，另一方必有所应。发挥学生的积极性，开展探究式、开放式教学，实现教师主导与学生主体的统一。

（2）议题式教学与教学评一体化相统一

围绕亚运会的发展，引导学生思考高质量发展的内涵。展示亚运合作方吉利的转型发展，引导学生分析推动高质量发展的具体路径，从经济堵点（吉利芯片短缺）来引入，充分发挥了学生的主体作用。采用自评、生生互评、师生互评的方式，关注学习过程，注重过程性评价。培养学生独立自主思考问题的能力，提升学生的思维品质，培育学生的学科核心素养。

本课探索的是活动型课堂，将课堂教学延伸到社会实践大课堂，如何通过教与学使学生实现知识、能力、价值和素养的整体提升，是仍需思考和探究的方向。

【专家点评】

该一体化课例以"高质量发展"为核心，精准锚定"创新驱动发展"理论内核，借助问题链教学法，构建起逻辑严密、层次分明的教学体系。在学段衔接上，初中学段选取"低空经济"为切入点，通过剖析人工智能技术应用与新质生产力培育，引导学生直观感受创新对经济发展的驱动作用，聚焦于理解创新的核心意义；高中学段则以"揭秘亚运"为线

索，通过赛事科技应用、场馆建设革新等实例，带领学生洞察创新如何推动产业升级与社会进步，将重点落在创新与发展的深层关联上。这种由浅入深、从现象到本质的递进式设计，既贴合不同年龄段学生的认知规律，又实现了知识的螺旋式上升。

教学形式上，课例充分展现灵活性与创新性，综合运用小组讨论激发思维碰撞，以情节沉浸增强情感共鸣，借对比分析深化理性认知。多样化的教学手段不仅活跃了课堂氛围，更有效调动学生主动探究的积极性，使抽象的理论知识转化为可感知、可内化的学习体验，为推动思政课一体化建设、培养学生创新思维提供了极具借鉴价值的实践范例。

（点评人：北京理工大学马克思主义学院　李京）

第六章

积极反思，在教与学的重构中成长

第一节
一体化教学分析与设计

一、一体化教学分析

教育的本质在于促进个体的全面发展。在这一过程中，教与学的关系不断演变，而积极反思则是推动这一演变的关键力量，尤其在思政课一体化背景下，其作用越发凸显。在传统的教育模式中，教师是知识的传递者，学生是知识的接受者。然而，随着教育理念的更新，这种单向传递的模式正在被重构。现代教育强调学生的主动参与和教师的引导作用，形成一种互动、合作的学习环境。积极反思是个体对自身行为和思维过程的深入思考，在思政课一体化进程中，主要体现在以下几个方面。

（一）反思教学实践，促进教师专业成长

在思政课一体化教学实践中，教师的角色更为多元且关键。以某中学思政课教师为例，在开展法治教育课程时，起初按照传统教学模式进行知识灌输，学生参与度不高。通过教学反思，该教师意识到在思政课一体化背景下，不同学段学生认知水平差异大，初中生更需要生动案例来理解抽象法律概念。于是，他开始收集社会热点法律事件，如校园欺凌相关案例，将其融入教学，通过角色扮演、小组讨论等互动方式引导学生分析案例中的法律问题，不仅提升了学生兴趣，还增强了教学效果。教学反思帮助教师审视自己的教学实践，识别其中的优点与不足。通过自我评估和批判性分析，教师可以明确自己在专业知识、教学技能、课堂管理等方面的提升空间，从而制订针对性的成长计划。它鼓励教师不断学习新知识、新技能，保持对新教育理念和教学方法的敏感性，以适应思政课一体化对教学的更高要求，不断更新和完善自己的教学理念和策略。

（二）反思学情，促进学生全面发展

思政课一体化要求教师精准把握不同学段学生的学情。以小学、初中、高中分别开展"权力受到制约和监督""凝聚法治共识""全面依法治国"相关内容教学为例。小学生以形象思维为主，教师可以通过简单的动画、小故事让学生理解权力需要监督，如讲述古代官员因贪污被惩治的故事。初中生的逻辑思维有所发展，教师可结合生活中政府部门政务公开案例，引导学生讨论权力监督的意义。高中生更关注社会热点，教师可引入国家监察体制改革等案例，组织学生深入探讨全面依法治国的内涵和实现路径。教学反思有助于教师更好地了解学生的学习需求和特点，从而设计出更符合学生认知规律和学习兴趣的教学活动，激发学生的学习兴趣和积极性。反思还促使教师关注学生的学习过程和成果，及时调整教学策略以满足不同学生的学习需求，从而实现差异化教学，促进每个学生在思政教育中的全面发展。

（三）尝试新技术，为教育改革提供新借鉴

在思政课一体化推进过程中，新技术的应用为教学带来新活力。例如，某大学思政课教师运用线上教学平台，整合大中小学法治教育资源，打造一体化线上课程体系。通过线上线下混合式教学，让不同学段学生都能接触到优质思政教育资源。在教学中，教师利用虚拟现实（VR）技术，模拟法庭审判现场，让学生沉浸式感受法律的威严和公正的司法程序。教学反思鼓励教师尝试新的教学方法和技术，如信息技术在教学中的应用、项目式学习、翻转课堂等，从而推动教育的创新和发展。通过反思和总结实践经验，教师可以提炼出具有普遍意义的教学规律和策略，为教育研究和改革提供有价值的参考，助力思政课一体化建设不断完善。

总之，积极反思在教与学的重构中扮演着至关重要的角色。它不仅有助于教师的专业成长和学生的全面发展，还为教育改革提供了新的思路和方法。在未来的教育实践中，我们应该更加重视积极反思的作用，不断探索和创新教育教学方法，以促进教育事业的持续发展，尤其是在思政课一体化建设中发挥更大作用。

二、一体化教学设计

（一）一体化学习主题

凝聚法治共识，建设法治国家

（二）一体化教学设计说明

党的二十大报告提出，"推进大中小学思想政治教育一体化建设"，"坚持依法治国和以德治国相结合，把社会主义核心价值观融入法治建设、融入社会发展、融入日常生活"。这些重要论断为在新时代、新征程上，推进大中小学法治教育一体化指明了方向和实践路径。

　　法治教育是大中小学思政课的重要组成部分，大中小学法治教育内容一体化衔接是实现各学段思政课教育教学内容一体化的应有之义。通过思政课实践教学，让学生切身体验，使他们深刻领悟到"良法善治"的价值，形成大中小学生尊法学法守法用法的行为习惯。这有助于形成法治建设与思政课高质量发展、法治教育一体化与思想政治教育一体化同向同行的大格局，进而使多方面协同发力促进学生全面发展。

　　（三）一体化学习目标与重难点

　　学习目标：思政课一体化学习是推进法治教育、凝聚法治共识的有效路径。面对挑战，我们需要不断创新教学方法，加强师资队伍建设，拓宽法治实践渠道，确保法治教育既具有理论深度，又贴近学生实际，为培养具有法治素养的新时代公民贡献力量。同时，加强与社会各界的合作，共同营造尊法学法守法用法的良好氛围，推动法治社会建设不断向前发展。

　　学习重点：强调法治是对全体社会成员的共同要求，每个人都必须在宪法和法律范围内行使权利，履行义务。

　　学习难点：推进科学立法、严格执法、公正司法、全民守法，这些内容涉及多个法律领域和复杂的法律程序，需要教师进行深入浅出的讲解，并引导学生进行思考和讨论。

　　（四）一体化整体教学思路（见图6-1）

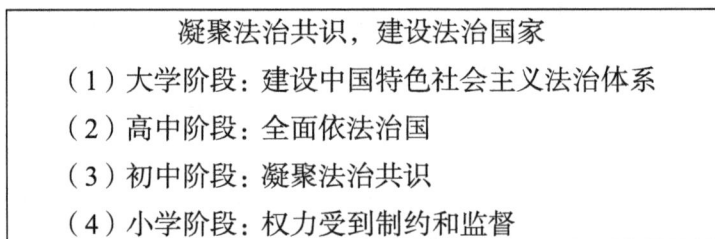

> 凝聚法治共识，建设法治国家
>
> （1）大学阶段：建设中国特色社会主义法治体系
> （2）高中阶段：全面依法治国
> （3）初中阶段：凝聚法治共识
> （4）小学阶段：权力受到制约和监督

图 6-1　一体化整体教学思路

第二节

小学：权力受到制约和监督

一、基本信息

教师姓名：姜俊

教师学校：北京理工大学附属中学小学部

教学学段：小学

教学年级：六年级

教科书版本及章节：部编版《道德与法治》六上第三单元第7课

二、课时教学设计

（一）课题

权力受到制约和监督

（二）课型

新授课

（三）教学内容分析

本课依据《义务教育道德与法治课程标准（2022 年版）》中的相应内容。① 政治认同：引导学生"初步了解中国特色社会主义制度的优越性"，包括法治体系和权力监督机制；② 法治观念：带领学生感受宪法权威，让学生知道国家机关依法行使职权，权力必须接受监督。③ 责任意识：培养学生对权力运行的监督意识，使其认同作为社会小公民也有监督的责任，要依法行使监督权。

本课还依据《青少年法治教育大纲》中的相应内容：小学阶段着重普及宪法常识，养成守法意识和行为习惯，让学生感知生活中的法、身边的法。小学高年级要建立对宪法的法律地位和权威的初步认知。

教学内容设计以《中华人民共和国宪法》中对国家机关及其工作人员的权力限制原则"法无授权不可为"为主线，采用"问题呈现—概念感知—方法探究—行动迁移"的递进式结构，整合法律规范、社会案例和校园生活实例，由教师作为引导者，学生作为探究主体，通过具身参与和思辨实践，打通国家治理与儿童经验的联结通道，真正实现法治教育的"内化于心，外化于行"。

（四）学习者分析

小学《道德与法治》六年级上册是法治专册，学生已通过一、二单元的学习，对宪法内容有浅显的理解。本单元中，基于对第 5 课中"国家机关的职权"和第 6 课"人大代表为人民"的学习，学生对"一府一委两院"等政府机构和"人民代表大会"的职能和权力有初步了解。但由于年龄尚小，生活体验少，六年级学生的认知特点以形象思维为主，学生易混淆"权力"与"权利"的概念，对"制约""监督"的认知较模糊，对多个抽象名词如"权力制约""党内监督""民主监督""司法监督"的概念比较陌生，理解不足，探索它们之间的深层次关系的难度更大，需借助生动案例和情境体验实现。

六年级学生已具备自主搜集、阅读资料，自主思考和小组合作的能力，且喜欢影视片段、社会热点讨论、角色扮演等互动形式。要从学生生活出发，选取教育管理部门、交通管理部门、公安部门等贴近学生现实生活的行政机关，以及相关的现象、案例、故事，帮助学生搭建生活与所学内容的桥梁，激发学生学习兴趣，帮助学生直观地理解本课的问题。

（五）学习目标

（1）通过分析《哪吒》系列电影片段和海淀区政务服务中心"放学办证，中小幼学生出入境证件延时服务"案例，能够理解"法无授权不可为，法定职责必须为"的含义，说明权力缺乏监督的危害。

（2）通过观看北京接诉即办改革记录电影《您的声音》片段，能够列举两至三种监督权力的途径，理解国家机构主动接受监督的意义。

（3）通过情境模拟，匹配监督方式与场景，懂得公民不论年龄大小都有监督权，掌握监督的合法途径。

（六）学习重难点

学习重点：理解权力监督的必要性；掌握公民监督权力的途径。

学习难点：理解"制约""监督"等抽象概念；将国家层面的权力监督迁移到校园生活中。

（七）学习评价设计

（1）预设性评价：课前提问"如果官员滥用权力会怎样？"，观察学生初始认知水平。

（2）过程性评价：观察课堂学习质量（如认真听讲、积极思考、主动举手发言等）、小组合作（如主动分享、尊重他人、记录笔记等）。

（3）总结性评价：布置课后作业，让学生绘制"权力受到制约监督"思维导图。

（八）学习活动设计

环节一：导入——案例激趣，权力失控会怎样

教师活动1.1

（1）播放《哪吒之魔童降世》片段：太乙真人用乾坤圈压制哪吒的法力，使其无法随意施展破坏性力量。

（2）提问引导："为什么太乙真人要给哪吒戴上乾坤圈？""如果哪吒自己控制法力，不要乾坤圈，是否可行？"

学生活动1.1

（1）观看视频片段，思考并回答问题。

（2）预设回答："为了防止哪吒滥用法力伤害老百姓。""靠哪吒自觉根本不行，需要师傅用乾坤圈来监督。"

教师小结1.1

正如乾坤圈规范哪吒法力的使用，法律就是约束国家行政权力的"乾坤圈"。国家机关行使权力时，必须像哪吒一样戴上乾坤圈，严格在法定范围内活动。

（板书：乾坤圈 → 法器 = 法律　哪吒法力 → 国家权力的隐喻）

教师活动 1.2

（1）播放《哪吒之魔童闹海》片段：仙翁以"炼丹济世"为名，肆意捕杀无辜小妖。

（2）提问："仙翁炼丹的权力是谁给的？他有滥杀无辜的权力吗？""如果仙翁是政府官员，这种行为属于不履职、少履职、慢履职还是超越法定职责范围履职呢？"

学生活动 1.2

（1）观看视频片段，思考并回答问题。

（2）预设回答："仙翁是没有权力决定那些小妖怪的生死的。""他的行为属于超越权限履职。"

教师小结 1.2

仙翁滥用权力的行为，是典型的违法行使权力。《中华人民共和国宪法》中有个典型的原则，叫作"法无授权不可为"。关联教材第 63 页，引出"任何国家机关，都必须在法定范围内行使权力。"

教师活动 1.3

展示《海淀报》关于海淀区政务服务中心继"一站式服务，办事不再走冤枉路"政策，2024 年底新推出的"放学办证，中小幼学生出入境证件延时服务"相关报道。提问："为什么工作人员不能随意拒绝办证？延时服务的意义是什么？"

学生活动 1.3

阅读并思考，回答问题，完成表 6-1。

表 6-1　学习单

案　　例	是否有法律授权	权力是否被滥用	结　　果
仙翁炼丹			
政府工作人员延时服务			

活动意图说明：通过学生熟悉的影视作品创设情境，帮助学生初步建立"权力需要约束"的认知，渗透法治思维。行政机关的职权由法律规定，必须依法行使，让学生体会国家机关代表人民行使职权，政府权力的行使要符合人民的意愿，体现服务于人民的宗旨，解决"权力运行为什么要监督"的问题。

环节二：法治辨析——如何把权力关进"笼子"

教师活动 2

（1）播放北京接诉即办改革实践的记录电影《您的声音》片段：市民投诉路灯不亮，政府在 48 小时之内解决。

（2）提问："视频中的政府工作人员与《哪吒》系列电影里的仙翁有什么不同？为什么？""生活中你见过哪些行政权力被监督的例子？"

（3）补充说明人大监督（如人大代表在两会上审议政府工作报告）、司法监督、党内监督等更高层级的监督方式。

学生活动 2

（1）观看电影片段。

（2）小组抢答积分，预设答案：法律监督（行政法）、舆论监督（媒体曝光）、群众监督（投诉举报）、内部监督（绩效考核）等。

活动意图说明：通过合作探究，帮助学生了解在现实生活中，公民参与监督的一些具体途径，由此解决"如何监督权力运行"的问题。

环节三：情境体验，认识监督途径

教师活动 3

（1）提问："如果班长在班级日志中随意扣分，你们会怎么做？能否直接罢免他？"引导学生思考"依法监督"在校园生活中的含义，即须按规则程序操作。

（2）布置小组任务：设计"班干部权力监督提案"。提案须包含一条监督的内容（如个人卫生评分），一条监督规则（如"扣分须公示理由"），一种监督方式（如"有权向班主任申诉"），监督规则须经小组民主表决通过后生效。

学生活动 3

分组讨论并展示提案。

活动意图说明：将国家权力监督迁移至学生生活，培养"依法行使监督权"的意识和能力。

（九）板书设计（见图 6-2）

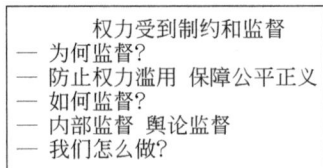

```
          权力受到制约和监督
— 为何监督?
— 防止权力滥用 保障公平正义
— 如何监督?
— 内部监督 舆论监督
— 我们怎么做?
```

图 6-2

（十）作业与拓展学习设计（二选一）

（1）完成课堂练习。

（2）实践作业：采访家长或社区工作人员，记录一个"权力受监督"的真实案例（如物业维修基金使用公示），用流程图展示监督过程。

（十一）特色学习资源分析、技术手段应用说明

资源：海淀区政务服务中心新闻、《哪吒》系列电影片段、《您的声音》电影片段。

技术：数据可视化，通过在线词云生成器，实时呈现小组讨论高频词，直观比较对监督方式的认知差异。

（十二）教学反思与改进

（1）预期亮点：双情境驱动，将《哪吒》系列电影的虚拟世界与海淀区政务中心的现实案例进行比照。通过"班干部权力监督提案"任务，将抽象概念生活化，令监督权具象化。

（2）潜在问题与改进：学生可能对"司法监督"等专业术语存在疑惑，可以在课后组织学生参加全国青少年学生法治教育实践基地"少年法庭开放日"的社会实践活动，辅助理解。还可与校少先队联动，设立"红领巾监督岗"，对食堂配餐、图书馆使用、课后服务安排等事项实施监督，形成法治教育常态化机制。

第三节

初中：凝聚法治共识 建设法治国家

一、基本信息

教师姓名：王嫣萌

教师学校：北京理工大学附属中学

教学学段：初中

教学年级：九年级

教科书版本及章节：部编版《道德与法治》九上第二单元第四课第二节

二、课时教学设计

（一）课题

凝聚法治共识 建设法治国家

（二）课型

新授课

（三）教学内容分析

本框内容在前一框认识全面依法治国的基础上，进一步阐明法治国家、法治政府、法治社会的一体化建设。第一目"法治政府"明确依法行政的相关内容，让学生知晓如何建设法治政府。第二目"厉行法治"突破学生的思维限制，让学生知道法治与德治的关系，从而推进依法治国和以德治国相结合。

（四）学习者分析

学生通过七年级、八年级以及九年级关于法治和政府的学习，已经具备了相关的理论知识，但是思维比较分散，理解的角度较为有限，因此本课时从不同角度阐述如何厉行法治，全方位地拓展学生思维的深度和广度。

九年级的学生随着知识学习的深入和认知能力的提升，已经逐步意识到人民是国家的主人，也明确知晓法治的重要性，但对于如何建设法治国家，生活中遇到困惑该如何解决仍然没有头绪。本堂课帮助学生明确我国正在建设法治政府、法治国家，明确建设民主法治中国的必要性，让他们意识到作为青少年，要贡献自身的力量，同时在坚定政治认同的基础上，增强法治观念、责任意识。

（五）学习目标

（1）政治认同：拥护中国共产党关于全面依法治国的重大决策部署，凝聚法治共识，为建设法治国家、实现法治理想而努力奋斗。

（2）道德修养：学会在法治状态下生活，把法治作为基本的生活方式。

（3）法治观念：增强尊法学法守法用法意识，培育法治精神；培养正确的权利义务观念、契约精神、规则意识；树立"守法光荣、违法可耻"的观念。

（4）健全人格：凝聚起法治共识，能够自觉在宪法和法律范围内行使权利，履行义务。

（5）责任意识：理解政府如何依法行政；知道厉行法治是对全体社会成员的共同要求。

（六）学习重难点

学习重点：法治政府、厉行法治。

学习难点：推进法治国家、法治政府、法治社会一体建设，法治与德治相结合。

（七）学习评价设计（见表6-2）

表6-2 学习评价设计

维　　　度		内　　　容
学习态度		能提出高质量的问题或创意，引发学生的积极思考或行动；能代表小组在课堂上发言，分享小组合作成果；在小组合作中善于倾听、尊重他人的观点；在小组合作中完成了具体的思考与分享任务，效果良好
学习程度	知识获取	认识到法治的重要性，了解中国的法治成就；知道民主当以人民利益为重，法治当以公平正义为念
	学习能力	深刻认识到坚持党的领导、人民当家作主、依法治国有机统一，是中国发展进步的根本制度保障；能够正确认识到人民不仅是民主与法治建设的直接受益者，更应成为民主与法治建设的积极参与者和有力推动者；了解法治的内涵，理解中国特色社会主义法治道路是实现中华民族伟大复兴的必然选择
	价值观念	坚定走中国特色社会主义法治道路的信念；培养法治意识，体会法治在社会生活中的作用，认同法治价值观

续表

维　度		内　容
素养达成	政治认同	感受人民当家作主是中国特色社会主义的民主价值追求
	健全人格	了解法治的内涵，理解中国特色社会主义法治道路是实现中华民族伟大复兴的必然选择
	责任意识	体会法治在社会生活中的作用，认同法治价值观

（八）学习活动设计

环节一：导入——感知政府

教师活动1

展示生活情境，请学生思考应该找政府哪个部门解决问题。

学生活动1

结合自己日常所知，思考并回答问题。

活动意图说明：引导学生积极关注社会生活，认识到我们的日常生活与政府紧密相连，调动学生学习的积极性。

环节二：法治政府

教师活动2.1

（1）请学生思考：淄博烧烤火爆出圈，当地政府为游客提供优质服务，同时加强对商品的监督管理，这体现了政府部门的哪些作用？

（2）组织学生填写图6-3，同时思考政府的权力来源、宗旨、工作要求、工作原则是什么。

（3）小结：引导学生理解国家机关的权力来自人民，政府要全心全意为人民服务。

学生活动2.1

认真阅读材料，填写图6-3，回答问题。

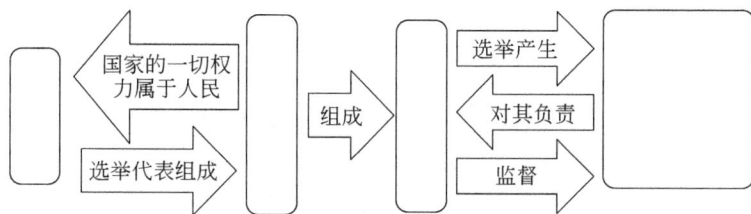

图6-3　国家机关与人民的关系

教师活动2.2

（1）结合"三张清单"（见图6-4），请学生思考依法行政的地位、要求、核心。

（2）播放视频《卖5斤不合格芹菜，被罚6万余元》，请学生思考：视频中政府的做法合理吗？公民是通过哪种渠道反映问题的？如果任由这种处罚方式发展，会有什么危害？请学生结合案例和教材，从政府和公民两个角度，说一说如何推进法治政府建设。

法无授权不可为　　法定职责必须为　　法无禁止皆可为

图6-4 "三张清单"

（3）小结：明确法治政府建设需要政府和公民共同发挥作用。政府要依法行政，必须规范政府的行政权。

学生活动2.2

观看视频，思考并回答问题。

活动意图说明：通过社会热点材料、师生问答式互动，激发学生由浅入深地思考，引导学生透过现象看本质，培养学生提取有效信息的能力和分析概括能力，在具体情境中加深对如何依法行政、如何建设法治政府的理解，从而增强学生的爱国热情，增强对党和政府的认同，增强制度自信、道路自信。

环节三：厉行法治

教师活动3

（1）请学生小组合作讨论：打击网络诈骗，营造安定和谐的法治环境需要哪些人的共同努力？

（2）聚焦交警处罚的两种方式，请学生思考：交警的两种处罚是否矛盾？

（3）引导学生明确厉行法治需要推进科学立法、严格执法、公正司法、全民守法。在法治进程中，要坚持依法治国和以德治国相结合。

学生活动3

（1）小组探究。

（2）对比交警的两种处罚结果，辩证分析法治与德治的关系（见图6-5）。

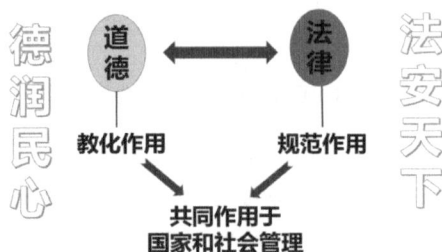

图6-5 法治与德治的关系

活动意图说明：通过合作探究，提高学生分析教材、提取信息、团队合作的能力，引导学生充分认识厉行法治是对全体社会成员的共同要求，需要全社会共同努力。

（九）板书设计（见图6-6）

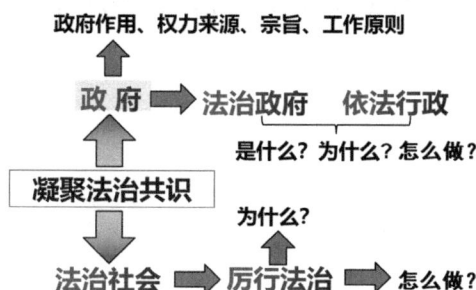

图6-6　板书设计

（十）作业与拓展学习设计

（1）知识作业：完成课堂练习。

（2）实践作业（二选一）：① 在社区进行反诈骗知识的宣传。② 制作两条法治宣传标语。

（十一）特色学习资源分析、技术手段应用说明

（1）采用多种教学方式，创设教学情境，课堂教学问题设置层层深入，尊重学生主体地位，搭建阶梯，启发学生思考。

（2）通过良好的课堂氛围激发学生思维，助力学生发展；凸显学科观点，关注学习过程，引导学生打开思路，有利于教学目标的实现。

（3）通过组织课堂学生活动，进行课堂阶段性评价，实现教—学—评一致性，培养学生灵活运用所学知识分析问题的能力，重视落实学科核心素养。

（十二）教学反思与改进

本节课内容较为抽象，有一定难度。主要学习了两个问题，一是法治政府，学习政府的作用和政府依法行政的道理；二是厉行法治，学习厉行法治的做法，国家和社会治理需要法律和道德共同发挥作用，建设法治中国任重道远。其中政府依法行政是本课的重点，要结合政府采取的创新服务方法帮助学生提高认识。

在教学过程中，教师应注意调动学生的积极性，引导他们主动参与讨论和思考。教师应关注学生的个别差异，给予不同程度的学生适当的指导和帮助。

第四节

初中：依法行使权利

一、基本信息

教师姓名：王妍

教师学校：北京理工大学附属中学

教学学段：初中

教学年级：八年级

教科书版本及章节：部编版《道德与法治》八下第二单元第三课第二节

二、课时教学设计

（一）课题

依法行使权利

（二）课型

新授课

（三）教学内容分析

本框的课程标准依据是"认识公民的内涵，了解公民的权利和义务，树立法律面前人人平等的观念"；"结合真实案例，了解公民的权利和义务；通过角色扮演，学习行使公民权利、履行公民义务的方式和途径"。

本框的另一个依据是《青少年法治教育大纲》，具体内容标准是"加深对公民基本权利与基本义务的认识"，"强化法律责任意识，巩固守法观念"。本框"依法行使权利"主要由两目组成："行使权利有界限""维护权利守程序"，主要引导学生珍视公民权利，增强权利意识，积极维护自己的权利，正确对待权益纠纷，学会按照法定程序维护自身权益。

（四）学习者分析

初中阶段是学生树立法治意识、权利义务观念和形成良好社会责任感的重要时期，八年级学生有了一定的法律知识储备，但因生活在经济快速发展、生活水平普遍提高的时代，受到家长过多的宠爱，缺少坚强的意志，思维方式大多比较自我。这导致他们维护权利的意识不强，容易割裂权利与自由的关系，不能界定违法的界限以及违反法律后须承担的相应责任。

（五）学习目标

（1）通过观看肖像权被侵犯的案例，能够知晓依法行使权利的要求，从而培养健全人格，提高尊法学法守法用法的意识，做社会主义法治的忠实崇尚者、自觉遵守者和坚定捍卫者，培养法治观念。

（2）通过小组讨论，进一步分析案例，能够了解不同维权方式的区别，能够将理论知识运用到日常生活中，解决实际问题，培养责任意识。

（3）通过总结依法维权的意义，践行社会主义核心价值观，培养政治认同，推动我国精神文明建设和社会主义法治国家建设。

（六）学习重难点

学习重点：依法行使权利的要求。

学习难点：和解、调解、仲裁、诉讼四种维权方式。

（七）学习评价设计（见表6-3）

表6-3　学习评价设计

维　度	内　容
预设性评价	以网络问卷的形式，对学生进行"青少年基本法律常识和法治意识"的调查
过程性评价	回顾公民基本权利的内容、自由与规则的关系，了解有关肖像权使用的法条，明晰依法行使权利是国家治理体系和治理能力的重要依托；分清和解、调解、仲裁、诉讼的区别；归纳公民依法维权的途径与方式，评述政治参与的过程中，公民依法行使权利的意义
实践性评价	开展"我日常生活中的维权事件"主题实践活动，搜集生活中的维权故事、影像资料及学法守法尊法用法的经验；组织策划"依法行使权利"主题文化展，以法治宣讲员的身份向全体师生、社区居民等普及法律常识，讲解维权案例

（八）学习活动设计

环节一：导入——公民如何正确行使权利

教师活动1

（1）请学生观看小剧场和图片，并思考：将头像恶搞成表情包是否属于违法行为？在网上发布他人信息是否属于违法行为？

（2）请学生讨论：真人表情包是否应该禁止使用？

（3）小结：引导学生了解公民行使权利的法定程序。

学生活动 1

（1）表演情景剧。

（2）思考并回答问题。

活动意图说明：通过回顾公民的基本权利，引出课题"依法行使权利"。通过学生表演情景剧，激发学生学习兴趣，引用学生身边真实的情境案例，让其切身感受，进行思考。通过了解法条，学生能够知道真人表情包正确的使用方式，在不越界、不滥用、不损害、守程序的基础上，依法行使权利。

环节二：维权的方式

教师活动 2

（1）让学生思考：应如何依照法定程序维权？

（2）书写表格，并进行小结。

学生活动 2

（1）小组讨论。

（2）通过表演呈现四种维权方式。

活动意图说明：通过小组讨论，培养学生的合作能力和创新意识。学生通过呈现不同维权方式，可以培养解决实际问题的能力，从而增强法治意识，规范言行举止，按照法定程序维护合法权益。

环节三：巩固提升

教师活动 3

（1）让学生思考：为什么维护权利要守程序？我们行使权利时要注意什么？

（2）展示习近平总书记的相关语录。

（3）小结。

学生活动 3

（1）展示小组讨论成果。

（2）总结：我们在享受宪法赋予的广泛基本权利的同时，一定要尊重国家、集体的权利，依法行使权利，践行社会主义核心价值观，为中国式现代化建设奉献自己的力量。

活动意图说明：通过学习，学生自行总结依法行使权利的意义，从个人、社会、国家的角度进行思考，培养独立思考能力，加深对知识的掌握程度。引用习近平总书记的话语，再一次强调依法行使权利的重要性。

（九）板书设计（见表6-4）

表 6-4　板书设计

方式	主体	依据	适用	优势
和解	当事人（自行解决）	事实、法律、道理	交通事故、消费、劳动争议纠纷等	快速、便捷
调解	当事人、调解组织（双方自愿）	事实、国家法律法规和政策、社会公德	广泛适用	高效、便捷
仲裁	当事人、仲裁机构	仲裁协议、法律	合同纠纷、财产权益争议	灵活性、一裁终局、保密性、国际性
诉讼	当事人、代理人、人民法院	事实、法律法规	人身关系、财产关系争议，行政违法行为	最正规、最权威维权的最后屏障

（十）作业与拓展学习设计

（1）基础性作业

结合时政和所学知识，每组合作设计一道关于本课内容的主观题，并设计相应答案。

（2）拓展性作业：书写劝告信件

楼道作为小区楼房的公共区域，兼具出行和消防通道的功能。但很多小区楼道里堆满了各家各户的杂物，物业明文禁止甚至多次清理，但收效甚微。住户认为楼道虽然是公共空间，但也是个人出资购买的建筑面积，楼道堆放的东西是个人财产，物业清理应赔偿。物业认为维护楼道卫生清洁和安全是物业职责，也是个人的责任。告示上已经说明楼道堆放杂物不合法，住户应及时清理。请结合所学知识、物业人员的观点和法律条文，书写一份劝告信，字数不少于200字。

（十一）特色学习资源分析、技术手段应用说明

（1）工具、设备：摄像机、多媒体设备等。

（2）参考文献：《习近平法治思想概论》《习近平法治思想学习纲要》《中华人民共和国宪法》《中华人民共和国民法典》。

（十二）教学反思与改进

（1）本节课内容比较简单，例子选取接近学生生活，能够激发学生的学习兴趣。

（2）采用一例到底的方式，设问环环相扣，使得本节课内容紧凑。

（3）学生活动多样化，开展了学生表演、学生展示、课堂辩论等活动。

（4）应进一步引导学生总结维权方式的内容，而不是教师直接呈现。

第五节
高中：纠纷的多元解决方式

一、基本信息

教师姓名：安文娟

教师学校：北京理工大学附属中学

教学学段：高中

教学年级：高二

教科书版本及章节：部编版《思想政治 选择必修 2 法律与生活》第四单元第九课

二、课时教学设计

（一）课题

纠纷的多元解决方式

（二）课型

新授课

（三）教学内容分析

本课时是本单元教学的第一课时。学生在自主学习的基础上，对于三种纠纷解决方式的特点进行整理，并运用这些知识解决案例中的问题，辨析不同纠纷解决方式的优势区间，领悟多元纠纷解决方式的价值，也为第二、三课时学生模拟场景、体会纠纷解决作了内容上的铺垫。本课时围绕"我国设立纠纷的多元解决方式有哪些价值"的核心议题，引导学生在剖析案例、思考当事人的诉求如何得到解决的过程中，理性对待纠纷、合理运用法律维护自身权利，体悟法治保障对提高生活品质的作用，从而树立法治信仰，坚定制度自信。本课时主要涉及的知识点如图 6-7 所示。

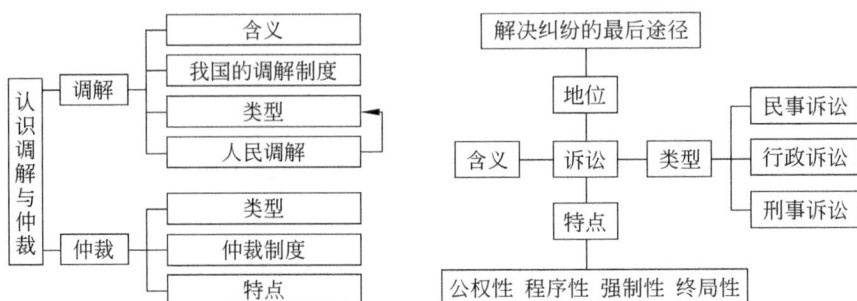

图 6-7 教学内容分析

（四）学习者分析

学生在本学期学习了民法、婚姻法、劳动法相关内容后，对法律规定的个人权利和义务有所了解，但对于权利受到侵犯时如何维护自身权利还不够熟悉。本课时之前，学生在自主预习中初步了解了多元纠纷解决方式的内容和程序要求，完成了对知识的接收和加工。但如何运用所学知识解决实际问题，站在当事人的角度，考虑当事人的诉求，得出最合适的解决措施，对学生本课时的学习构成挑战。

难点在于，学生可能过于关注结果，误认为有唯一优解，但基于对当事人的诉求理解不同，可以有多个优解。相比起让学生做出选择，教师更重要的任务是引导学生规范运用学科术语进行严谨的逻辑思考。

（五）学习目标

（1）通过自主学习和查阅法律条文，辨析纠纷的不同解决方式的特点。

（2）模拟基层法律服务工作者，运用恰当的纠纷解决方式为他人解决纠纷。

（3）通过撰写培训小结，体悟多元解决机制的价值。

（六）学习重难点

学习重点：结合案例，理性分析当事人的诉求，并基于诉求对解决方式做出判断。

学习难点：从当事人、法律、社会等多个角度说明纠纷的多元解决机制的意义。

（七）学习评价设计

小组讨论的评价量规见表6-5。

表 6-5　评价量规

角　　色	标　　准		
	出类拔萃	游刃有余	初出茅庐
组长	分配任务妥善合理，讨论内容层层深入	讨论能够出成果，每位同学都发言	四项分工都有人，另外三项不止我
表达者	观点鲜明，论述严谨，创新性强，发人深思	观点内容相匹配，一言既出有呼应	即使观点不成熟，也勇敢地表达了
聆听者	内容上知晓表达者，逻辑上领会表达者	边听边能有思考，他的说法是与非	即使真的没听懂，也在安静聆听着
汇报人	观点新颖，内容充实，表达流畅，发人深思	摆事实确有此事，讲逻辑层次分明	别的小组说得好，我最同意哪一条

个人撰写小短文的评价维度：观点明确，逻辑清晰，角度多元，学术术语使用规范。

（八）学习活动设计

环节一：理论梳理

教师活动 1

（1）介绍基层法律工作者的职能：帮助纠纷中的当事人选择最适合自己的纠纷解决方式。

（2）让学生扮演这一角色，在本环节中完成"岗前培训任务"。

（3）进行点评。

学生活动 1

（1）参照任务单上的法律条文，辨析不同的纠纷解决方式的特点、优势和不足。

（2）在和教师的对答中思考这些优势和不足来自哪些制度规范。

活动意图说明：第一个环节拟推动学生在自主学习中落实对知识点的描述与分类，再通过教师的不断追问，引导学生持续思考，对不同纠纷解决方式的优缺点进行解释与论证。学生在独立阅读法条的过程中，认识到不同的纠纷解决方式的特点和优势，为本课时后续活动作铺垫。

环节二：模拟操作

教师活动 2

（1）呈现由简单到复杂的三个案例。请学生小组讨论如何解决案例中的纠纷。

（2）进行点评，并抛出问题引起学生的深入思考。

（3）提醒学生小组发言时间不得过长，同一个小组不能给出模棱两可的多个结果，而是应该规范回答。

学生活动 2

（1）了解不同的案例情境。

（2）小组讨论 5 分钟，为各个情境中的当事人给出解决建议。

（3）各小组分别汇报，在与教师的对话中深入思考。

活动意图说明：让学生在情境中做出预测和选择。学生需要基于对当事人诉求的体察，结合所学知识，为当事人出谋划策，选择最合适的纠纷解决措施。各小组均对三个复杂程度各异的案例进行讨论，之后在汇报和交流中加深对知识的理解，领悟不同的纠纷解决方式可以回应当事人不同的诉求。

环节三：培训小结

教师活动 3

（1）布置任务，让学生结合本节课所学，写一段小短文，说明多元解决机制的价值。要求：观点明确，逻辑清晰，角度多元，学术术语使用规范；总字数控制在 250 字左右。

（2）在全班范围内流动观察，选取不同视角的学生作品。

（3）邀请学生分享，并从观点、逻辑、角度、规范性等方面进行点评。

学生活动3

（1）结合课上所学，围绕纠纷的多元解决方式的价值，写一段培训小结。

（2）积极参与并分享。

活动意图说明：学生通过总结，将丰富、具体的思维凝练成文段，锻炼规范表达学科观点的能力，思考本科的核心学习目标，阐述纠纷的多元解决机制的价值，进而树立对中国法治实践的认同，培养政治认同。

（九）板书设计（见图6-8）

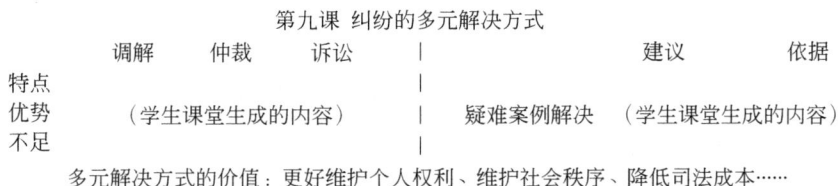

第九课 纠纷的多元解决方式

调解	仲裁	诉讼		建议	依据

特点
优势　　　　（学生课堂生成的内容）　　　　疑难案例解决　（学生课堂生成的内容）
不足

多元解决方式的价值：更好维护个人权利、维护社会秩序、降低司法成本……

图6-8　板书设计

（十）作业与拓展学习设计

（1）阅读至少三名其他同学在环节三中撰写的"培训小结"，以书面形式写出他们给了你哪些新的启示，并修改自己的"培训小结"，作为对本节课的总结和反思。

（2）本课时练习题。

（十一）特色学习资源分析、技术手段应用说明

提供一张任务单，便于学生梳理不同纠纷解决方式的特点，并通过师生问答让学生知其所以然。提供三个出自中国裁判文书网的真实案例，可供学生在情境中思考如何剖析纠纷，在小组讨论中思考怎样站在当事人的角度解决问题。

（十二）教学反思与改进

本课教学目标达成，学生在环节一中可以轻松完成描述与分类的任务，但多数学生需要经过教师引导，才能结合法条和制度设计对不同的纠纷解决方式的优缺点进行解释与论证，教师需要设计更详细的任务链以进行引导。学生在环节二中可以结合案例做出选择，但表述欠缺规范性，教师对不同学生的回答需要给出更准确的反馈。学生在环节三中能够有意识地从多元主体的视角论证多元解决机制的价值，但多数学生的思维逻辑链条有待延伸，教师不能一味追求进度，应该进行详细的点评，引导学生学习不同学生小结中的精华，避免误区。

【专家点评】

该章节理论阐述清晰，强调积极反思在教与学重构中的重要作用，从教师专业成长、学生全面发展和新技术应用等方面展开分析，逻辑严谨，为思政课教学改进提供了有力支撑。教学案例丰富且具代表性，各学段围绕法治教育主题选取合适案例，如小学的《哪吒》案例、初中的淄博烧烤案例等，贴近学生生活，便于学生理解抽象概念，增强教学效果。注重学段衔接，从小学的权力制约监督启蒙，到初中的法治共识凝聚，再到高中的全面依法治国探讨，循序渐进，符合学生认知发展规律，有效推进法治教育一体化。

下一步课例建设还可以围绕"案例深度挖掘"来开展教学研究工作，如在初中阶段的"凝聚法治共识"中，对法治与德治关系的探讨可进一步深入，引导学生更全面理解两者在国家治理中的作用。教师的教学反思部分也可以超越单纯教学过程中的问题总结，转向对改进措施实施效果的跟踪反馈，进而增强对改进措施的有效性的综合研判。

综上，教师可以进一步深入分析案例，引导学生多角度思考问题，培养批判性思维；建立教学改进效果跟踪机制，定期评估改进措施对教学效果和学生学习成果的影响，不断优化教学。

（点评人：北京理工大学马克思主义学院　李洁）

第七章

教学评价，探索思政课新模式

第一节
一体化教学分析与设计

一、一体化教学分析

教学评价是教育过程中至关重要的一环，旨在全面、客观地反映学生的学习情况，为教师改进教学方法、提升教学质量提供重要依据。随着教育观念的不断进步，多元评价体系应运而生，科学性与人文性的统一成为教学评价的重要追求，旨在构建一个全面、公正、有效的评价机制。

对学生而言，多元评价体系是其全面发展的重要保障和动力源泉。它彻底打破了传统单一的学业成绩评价模式，为学生们提供了一个更加广阔、多元的舞台，让他们有机会在道德品质、创新能力、艺术素养以及领导力等多个方面充分展现自我。这种评价方式不仅关注学生的知识掌握程度，更重视他们的个性发展和潜能挖掘。在多元评价体系的引导下，学生们不再被书本知识和应试技巧束缚，而是被鼓励去探索未知、挑战自我。他们可以根据自己的兴趣和特长，选择适合自己的发展方向，并在这一过程中不断发现新的自我、提升自我价值。这种尊重个体差异、鼓励个性发展的评价方式，让学生们感受到了前所未有的自信和成就感，从而更加积极地投入到学习和生活中去。同时，多元评价体系还有助于培养学生的创新能力和实践能力。在评价过程中，学生们需要独立思考、解决问题，这锻炼了他们的思维能力和创新能力。此外，通过参与各种实践活动和项目展示，学生们还能将所学知识应用于实际情境中，进一步提升自己的实践能力和团队协作能力，提升综合素养。

对教师而言，多元评价体系为教师提供了一个全面、公正、有效的评价工具。这种评价体系促使教师不再仅仅依赖学生的学业成绩，而是从多个维度，如课堂参与度、团队协作能力等，来综合评价学生的学习表现。这不仅有助于教师更准确地了解学生的学习状况，还能帮助教师有针对性地调整教学策略，提升教学质量。在这样的评价体系下，教师得以更加细致地观察学生的成长轨迹。他们开始注重学生的个性化发展，关注每个学生的闪光点与不足之处。通过课堂观察、小组讨论、项目合作等多种形式，教师能够深入了解学生的学习习惯、思维方式以及人际交往能力。这种全面而深入的评价方式，使得教师能够及时发现并纠正学生在学习过程中出现的问题，从而为他们提供更加精准的学习指导。此外，多元评价体系还激发了教师的创新精神。为了更好地适应评价体系的要求，教师们开始积极探索新的教学方法和策略。他们尝试将信息技术融入课堂教学，利用多媒体教学工具激发学生的学习兴趣；他们设计富有挑战性的学习任务，鼓励学生主动探索、勇于实践；他们还注重培养学生的批判性思维和创新能力，引导学生学会独立思考、解决问题。这些创新的教学方法和策略，不仅提升了学生的学习兴趣和参与度，也进一步提高了教学质量和效果。

在多元化评价中，科学性与人文性的统一体现在多个方面。首先，评价内容的多元化要求既关注学生的知识技能掌握情况，又重视他们的情感态度、价值观等方面的表现。其次，评价方法的多元化要求采用多种评价方式，如自评、互评、教师评价等，以全面反映学生的学习情况。此外，评价主体的多元化也要求教师、学生、家长、学校管理人员等多方参与，使评价结果更为客观和全面。

追求科学性和人文性统一的多元评价体系的构建是一个复杂而艰巨的任务，它要求我们在实践中不断探索和完善。

科学性在教学评价中主要体现在以下两个方面：首先，评价标准的确定需要基于教学目标体系，确保评价的合理性和统一性。其次，评价过程中应采用先进的测量手段和统计方法，对获得的各种数据进行严格的处理，以提高评价的准确性和客观性。这种对科学性的追求有助于确保评价的公正性和有效性，为教学改进提供可靠的依据。

然而，教学评价不能仅仅停留在科学性层面，还需要充分融入人文性。人文性在教学评价中的体现主要包括对学生的尊重、理解和关怀。在评价过程中，教师应关注学生的个体差异和生命价值。同时，评价应注重激发学生的积极性和创造力，鼓励他们进行探索和尝试，培养他们的综合素质和创新能力。这种人文性的融入有助于营造积极向上的学习氛围，促进学生的全面发展。

在实际操作中，教师可以通过多种方式实现科学性与人文性的统一。例如，在设计评价任务时，可以结合学生的生活实际和兴趣点，使评价内容既具有挑战性又贴近学生实际。在评价过程中，教师可以采用鼓励性评价，及时肯定学生的进步和努力，激发他们的学习动力。同时，教师还可以关注学生的学习困难和问题，提供个性化的指导和帮助，促进他们的全面发展。

二、一体化教学设计

（一）一体化学习主题

文化传承与文化创新

（二）一体化教学设计说明

统筹推进大中小学思政课一体化建设是党中央深化新时代学校思想政治理论课改革创新的战略部署，是各级各类学校坚持立德树人、培育时代新人的重要工程，具有深刻的时代意蕴、丰富的价值内涵、科学的逻辑理路和鲜明的实践指向。本课是在大中小学思政课一体化背景下所进行的一次教学实践探究。

本节课坚持以习近平文化思想为指导。习近平总书记对宣传思想文化工作作出重要指示，明确提出"七个着力"。其中包括"着力赓续中华文脉、推动中华优秀传统文化创造性转化和创新性发展"。习近平总书记在中共中央政治局第三十九次集体学习的讲话中也明确指出："文物和文化遗产承载着中华民族的基因和血脉，是不可再生、不可替代的中华优秀文明资源。"

从大中小学思政课一体化建设视角看，本课相关内容在小学、初中、高中学段均有所呈现。《关于深化新时代学校思想政治理论课改革创新的若干意见》对小初高大学的思政课教学提出了指导意见，明确"小学阶段重在启蒙道德情感，引导学生形成爱党、爱国、爱社会主义、爱人民、爱集体的情感，具有做社会主义建设者和接班人的美好愿望"；"初中阶段重在打牢思想基础，引导学生把党、祖国、人民装在心中，强化做社会主义建设者和接班人的思想意识"；"高中阶段重在提升政治素养，引导学生衷心拥护党的领导和我国社会主义制度，形成做社会主义建设者和接班人的政治认同"。就本节课而言，在文化传承与创新中，重点也是实现文化认同，坚定文化自信。"大学阶段重在增强使命担当，引导学生矢志不渝听党话跟党走，争做社会主义合格建设者和可靠接班人"。在实践中挖掘并利用中华传统文化的当代价值，重视文化的力量，牢牢站稳中华民族永续发展的立场，从根本上认同中华文化的价值，树立中国文化的自信。在大中小学循序渐进、螺旋上升的思政课中，引导学生立德成人、立志成才，树立正确世界观、人生观、价值观。

（三）一体化学习目标与重难点

初中学段的目标是引导学生列举中华文化的内容，描述中华文化的特点和价值，体会中华文化的源远流长和博大精深；感受中华文化的力量，认同中华文化，坚定文化自信。

高中阶段引导学生辩证看待中华传统文化，理解传承中华优秀传统文化的意义，将文化保护与传承的要求内化于心、外化于行，促进文化的创新和发展，坚定文化自信，增强文化认同。

本课的一体化学习目标是让学生理解并重视文化的力量，牢牢站稳中华民族永续发展的立场，从根本上认同中华文化的价值，树立中国文化的自信，推动中华优秀传统文化创造性转化、创新性发展，创造中华文化新的辉煌，增强文化认同。

一体化学习的重点是理解中华传统文化的内容与价值，文化交流与文化多样性、文化传承与创新、文化自信与文化强国等；难点是理解传承中华优秀传统文化的意义，增强文化认同。

（四）一体化整体教学思路（见图 7-1）

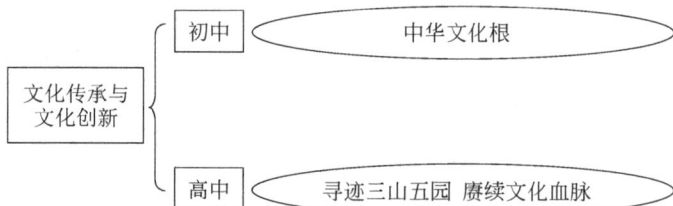

图 7-1　一体化整体教学思路

第二节
初中：中华文化根

一、基本信息

教师姓名：刘小杏
教师学校：北京理工大学附属中学
教学学段：初中
教学年级：九年级
教科书版本及章节：部编版《道德与法治》九年级上册第三单元第五课第一框

二、课时教学设计

（一）课题
中华文化根

（二）课型

新授课

（三）教学内容分析

本课是部编版《道德与法治》九年级上册第三单元第五课第一框"延续文化血脉"第一课时的内容。本课时主要分析了中华文化的特点和价值，分析了中国特色社会主义文化的内涵，揭示了延续文化血脉需要发展中国特色社会主义文化。同时，面对当今世界纷繁复杂的思想文化，我们更加需要坚定文化自信，构筑中国精神、中国价值和中国力量。

（四）学习者分析

从知识基础看，九年级学生通过语文、历史等学科及课外阅读已经具备了一定的文化修养，对中华传统文化有一定的了解，能列举出诸多与中华文化相关的具体事物，但是对中华文化缺乏全面客观的认识。

从认知能力和特点看，九年级学生已经具备借助特定情境从感性认识上升到理性认识的分析归纳能力，看待事物具有一定的辩证思维能力，但看待问题仍缺乏发展性、全局性。

从学习兴趣和情感需求的角度看，在当今文化多元化的时代背景下，学生面对多样的文化缺乏辨别、筛选的能力，在多元化价值观的冲击和影响下，进行正确价值判断和价值选择的难度加大。在走向世界的过程中，对中华文化缺乏认同感和自信心，需要提升个人素养，增强与世界文明对话交流的能力。

本课意在引导学生有意识地了解中华文化的特点，自觉重视中华文化的价值，形成对民族文化的认同，增强对中国特色社会主义文化的价值认同与自信。

（五）学习目标

（1）通过"跟随导游代表，领略当地文化"的活动，体会中华文化的源远流长和博大精深；感受中华文化的魅力，认同中华文化，热爱中华文化。

（2）通过合作探究，设计研学路线，领悟中国特色社会主义文化的内涵，增强政治认同。

（3）通过学习，能够描述中华文化的特点和价值，培养积极向上的思想品德。

（4）通过观看视频《不老的中华——自信》，能理解坚定文化自信的重要性，进一步增强传承和发展中国特色社会主义文化的社会责任感。

（六）学习重难点

学习重点：文化的力量和时代价值、中国特色社会主义文化的丰富内涵。

学习难点：中华文化的价值和意义、坚定文化自信的原因和做法。

（七）学习评价设计（见表7-1）

表 7-1　学习评价设计

评价项目	评价要点			学生自评	组内互评	教师评价
	水平一	水平二	水平三			
课堂参与	举手发言较少，没有持续的听、记、思、写的习惯	有时举手发言，有听、记、思、写的习惯	积极参与讨论，积极举手发言，能够运用康奈尔笔记法或四色笔记法等，有良好的学习习惯			
合作学习	在合作中发言较少，很少提出自己的看法或观点	能够参与小组讨论，并能提出自己的想法和建议	能够组织组内同学积极开展合作学习，善于倾听他人观点并提出自己的合理建议			
学习效果	能够结合具体情境说出一个中华文化的特点，并能意识到不同时期的文化都有自己的作用，要传承中华文化	能够结合具体情境说出至少两个中华文化的特点，能够用准确的语言概括不同时期文化的价值，简要阐述文化自信的重要性	能够结合具体情境以及知识经验用学科术语概括中华文化的特点和价值，能够用准确的语言概括不同时期文化的价值并且说出彼此之间的联系，准确阐述文化自信的重要性			

（八）学习活动设计

环节一："云"游四方，看我中华文化

教师活动1

请不同祖籍地的学生作为导游代表，带领大家领略当地文化。提出问题：看完各个导游的介绍以后，你感受到中华文化有什么特点？中华文化能薪火相传、历久弥新的原因是什么？找学生进行总结回答。

学生活动1

来自不同祖籍地的同学代表当"小导游"，介绍当地的文化风俗。

第一站：齐鲁圣地，礼仪之邦——好客山东

第二站：名胜古迹，双奥之城——魅力北京

第三站：草原画卷，心灵港湾——壮美内蒙古

第四站：秦皇帝都，西部明珠——人文陕西

第五站：天府之国，熊猫之乡——醉美四川

活动意图说明：根据本班学生情况，让学生搜集资料，制作PPT，为大家展示自己祖籍所在地的文化，在激发学生兴趣的同时，调动学生学习的积极性。培养学生搜集信息的能力和动手能力，把课堂交给学生，引导学生感受中华文化魅力，用关键词表达对中华文

化的认识。

环节二：聚焦北京，悟我中华文化

教师活动 2

（1）组织学生进行小组合作，开展教材第 61 页"探究与分享"中研学方案的设计，并请小组代表分享本组设计的方案。

（2）请学生思考：中华优秀传统文化、革命文化和社会主义先进文化之间存在什么样的精神联系？

学生活动 2

（1）前期准备：搜集北京具有代表性的文化资料。

（2）小组讨论：合作交流，共同设计研学路线。

（3）小组汇报：小组代表进行路线展示，并介绍研学方案所蕴含的精神内涵和时代价值。

（4）总结提升：根据小组展示的路线进行归纳提炼。

活动意图说明：学生在小组交流、探究与分享的过程中，再次感悟中华文化的魅力。通过设计研学路线，学生能够更加深入了解北京这座具有丰厚文化底蕴的城市，体会、感悟中华优秀传统文化、革命文化和社会主义先进文化之间是一脉相承的，同时激发热爱北京、热爱首都的情感。

环节三：走向世界，爱我中华文化

教师活动 3

（1）播放视频《不老的中华——自信》，提出问题：为什么要坚定中华民族的文化自信？怎样坚定文化自信？

（2）通过学生的讨论和发言，总结、提炼文化自信的重要性和坚定文化自信的做法。

学生活动 3

（1）小组讨论：小组成员自由发言，专人进行记录。

（2）小组代表发言：在小组讨论的基础上，小组代表根据组员的发言进行总结。

活动意图说明：通过观看视频内容，学生感悟到中华文化为什么能够越来越多地走向世界，在小组讨论的过程中，明白为什么要坚定文化自信并为坚定文化自信提出一些建议，从而激发民族自信心和自豪感，更加热爱中华文化。

环节四：总结升华

传统文化的美，在于它的历史，它是先人们的精神积淀，是千百年来的传承。一个民族，一个国家，如果忘记了过去，就无法大踏步地走在世界前面。无论多么发达的高科技，都难以替代历史的一抔黄土；无论我们在这颗星球上能走多远，总要有一点东西，铭记于心。

传承优秀传统文化，发展中国特色社会主义文化，延续文化血脉，坚定文化自信，需要你我共同担当！让我们的民族之树长青！

（九）板书设计（见图7-2）

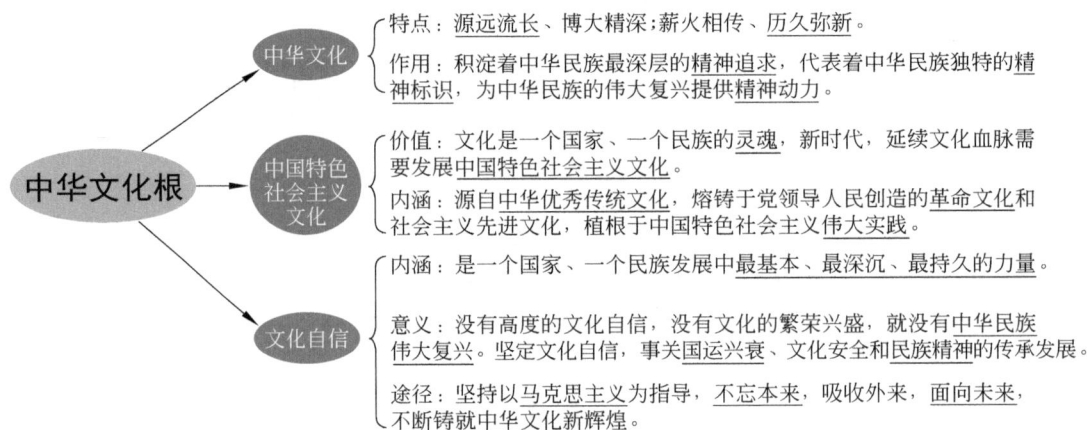

图7-2 板书设计

（十）作业与拓展学习设计

（1）根据课堂上设计的"文化之旅"路线，形成经验贴，或者制作成"手账"，传播北京红色文化。

（2）打卡身边的文化景点，寻找共同的文化记忆，关注周边的发展变化，以解说员的视角，拍摄3分钟以内的短视频。

（十一）特色学习资源分析、技术手段应用说明

（1）根据学生的学习生活情况和已有的知识经验，课前让学生分小组搜集资料，当好导游，介绍自己家乡的文化资源，让学生代表做分享，培养搜集资料、合作探究、语言表达等能力，发挥学生的学习主体作用。

（2）立足北京红色资源，拓展课堂和教材内容，将教材知识与北京研学路线相结合，丰富课程资源。

（3）调动学生独立思考和合作学习的能力，增强课堂互动的实效性。

（4）利用多媒体设备、PPT课件，丰富教学形式。

（十二）教学反思与改进

（1）将任务交给学生，让学生动起来。课前组织学生搜集资料，在课堂上分享自己了解到的家乡文化特点和文化传统，通过图片、视频等形式呈现，让学生直观感受到了中华文化的源远流长和博大精深。不仅丰富了课堂内容，还增强了学生的课堂参与感。

（2）强化素养引领，让课堂活起来。设计活动"寻觅红色印记，设计文化之旅"，让学生在知识中体验文化价值，在交流讨论中生成研学路线，不同小组之间互相交流、借鉴和分享，激发了学生对北京本土文化的兴趣和热爱，体现了学科的育人价值。

（3）重视学习评价，让目标落下来。通过设计评价量表，让学科知识与学习任务相对应，通过学生自评、生生互评和师生互评等方式，落实核心素养目标，力求实现教学评一体化。

（4）在让学生搜集家乡文化资料并做分享时，用时较久，且对于文化现象背后蕴含的深层次文化内涵和价值的挖掘不够深入，在以后的教学中要注重引导学生从多个角度思考文化现象背后的价值和内涵，为学生提供更深入的文化解读。

（5）要充分考虑学生的个性差异，组建更加合理的合作小组。有些小组整体活跃度不高，发言机会相对较少，今后要根据学生的不同水平建立有效的小组互助机制，以取得更大的收获与进步。

第三节
高中：寻迹三山五园 赓续文化血脉

一、基本信息

教师姓名：纪晓丽

教师学校：北京理工大学附属中学

教学学段：高中

教学年级：高二

教科书版本及章节：部编版《思想政治 必修4 哲学与文化》第三单元第七课第二框

二、课时教学设计

（一）课题

寻迹三山五园 赓续文化血脉——正确认识中华传统文化

（二）课型

新授课

（三）教学内容分析

本节课的教学内容是第七课第二框。第一框是"文化的内涵与功能"，第二框是"正确认识中华传统文化"，第三框是"弘扬中华优秀传统文化与民族精神"，三框的逻辑关系是：理论（工具）—辨识—行动，逐层递进，前后呼应，对学生核心素养水平的要求是逐步提升的。

第二框内容重点讲述如何正确认识中华传统文化，以及中华优秀传统文化的当代价值。本课时以了解北京市海淀区的三山五园为载体，让学生在实践中感悟中华优秀传统文化的魅力，并通过探究任务，理解继承传统文化的现实意义，成为自觉的文化传承者，促进文化的创新和发展。课标要求是"辩证地看待传统文化，领会对中华传统文化进行创造性转化、创新性发展的重要意义，弘扬民族精神"。

（四）学习者分析

北京学生浸润在丰富的文化资源中，海淀区又以其独特的地理优势，孕育了深厚的历史文化。但课前调查发现，大部分同学知道圆明园、颐和园等景观，却对三山五园的历史沿革和文化价值认识不够，对颐和园等景观的文化内涵了解不深。

高二学生已经具备一定的历史、地理、文学素养，掌握了有关文化的一般知识，有一定进行社会实践和探究性学习的能力，为本课的教学开展提供了一定基础。

（五）学习目标

（1）通过领略三山五园的风光，特别是颐和园的景观，感受其中蕴含的传统文化思想，初步感受中华传统文化的核心思想理念、中华传统美德、中华人文精神，认同源远流长、博大精深的中华文化，增强文化自信。

（2）通过参与"颐和园园长"的任务，学会辩证看待中华传统文化，理解传承中华优秀传统文化的意义，将文化保护与传承的要求内化于心、外化于行，促进文化的创新和发展，坚定文化自信，增强文化认同。

（3）通过梳理课堂讨论的观点，给颐和园园长写信，就充分挖掘颐和园的当代文化价值建言献策，培养责任担当，提升公共参与。

（六）学习重难点

学习重点：掌握中华优秀传统文化的主要内容和特点。

学习难点：把握中华优秀传统文化的当代价值；了解中华传统文化具有双重属性，学会正确对待中华传统文化。

（七）学习评价设计（见表7-2）

表7-2 学习评价设计

评价方法	评价内容	评价等级
课前调查	在收集材料、解决问题时有方法	☆☆☆☆☆
	能够认真完成课前任务，自主学习	☆☆☆☆☆
	能够在课前合理分工，有小组合作意识	☆☆☆☆☆

续表

评价方法	评价内容	评价等级
课堂观察	具有认真的学习态度，能够高质量完成课堂学习任务	☆☆☆☆☆
	具有分工合作意识，积极主动参与讨论，高质量完成小组合作任务	☆☆☆☆☆
	能够多角度、全面地思考问题	☆☆☆☆☆
	能够积极发言、有逻辑地表达	☆☆☆☆☆
课后反馈	能够认真完成课后作业，态度端正	☆☆☆☆☆
	能够自觉传承中华传统文化	☆☆☆☆☆

（八）学习活动设计

环节一：行于山水间——游三山五园山水名胜

教师活动1

布置课前任务，指导学生分组开展三山五园研学，搜集资料，实地游览，感受三山五园的魅力。

学生活动1

在教师的指导下，分组开展研学，实地游览，感受三山五园的传统文化元素和思想。

活动意图说明：引导学生实地游览三山五园，充分感受中华传统文化的魅力，通过实地考察获得对中华传统文化的初步理解。

环节二：身处文化中——品三山五园传统文化

教师活动2

（1）播放三山五园的介绍视频。

（2）请小组代表分享游览颐和园的过程和收获。

（3）请学生思考：颐和园中有哪些传统文化元素？这些元素体现了中华优秀传统文化的哪些主要内容？中华优秀传统文化的特点有哪些？

学生活动2

（1）观看视频，了解三山五园的概况。

（2）小组代表发言。

（3）回答问题。

活动意图说明：通过小组讨论，引导学生深刻理解颐和园所承载的中华传统文化，领会中华传统文化的核心思想理念、中华传统美德、中华人文精神，增强文化自信。

环节三：走在传承路——传三山五园时代强音

教师活动3

发布任务：我在颐和园当园长，提供学案资料包。

园长任务：让颐和园的文化价值活起来，实现从"门票经济"到"文化经济"的转变。

要求：阅读学案参考资料，也可结合自身生活经验，小组讨论如何让颐和园的文化价值活起来，每组至少提出 2 条建议，并说明理由。

学生活动 3

阅读学案资料包，或结合自身生活经验，进行小组讨论，提出建议，分享观点。

活动意图说明：引导学生在实践中挖掘并利用中华传统文化的当代价值，重视文化的力量，牢牢站稳中华民族永续发展的立场，从根本上认同中华文化的价值，树立中国文化的自信，明确推动中华优秀传统文化创造性转化、创新性发展，创造中华文化新的辉煌，是时代和人民赋予的历史使命，增强文化认同。

（九）板书设计（见图 7-3）

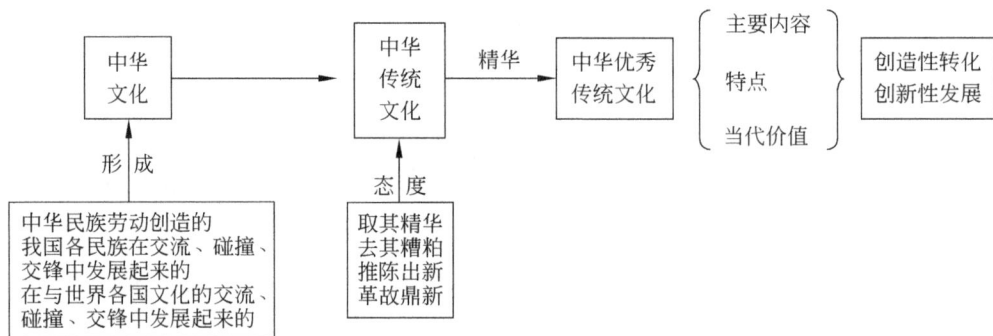

图 7-3 板书设计

（十）作业与拓展学习设计

梳理课堂讨论的观点，给颐和园园长写封信，就充分挖掘颐和园的当代文化价值建言献策。

（十一）特色学习资源分析、技术手段应用说明

充分利用多媒体网络教学。紧密结合生活实际，实现学科逻辑与生活逻辑的统一。对真实文化生活中的问题进行思考并提供解决对策，提供丰富的学习资源及学案资料。为了优化学生的学习方式，突出学生的主体性，促进学生学习能力的全面提升，本节课从学科发展和学生发展的视角，指导学生实践调研，实现学科内容教学与社会实践相结合，注重生活资源的开发与利用，丰富教学内容，加深学生对文化的认识和理解。

（十二）教学反思与改进

（1）主动立足大中小学思政课一体化建设背景。2019 年 3 月 18 日，习近平总书记在全国学校思想政治理论课教师座谈会上明确指出，"在大中小学循序渐进、螺旋上升地开设思想政治理论课非常必要"，强调要"统筹推进大中小学思政课一体化建设"。此后，各

部门陆续出台多项关于大中小学思政课一体化建设的指导意见等，不同学段也接连开展丰富的教学实践，本节课在教学设计上自觉落实大中小学思政课一体化建设的要求，是本节课的突出亮点。

（2）教学过程的活动化。新课标强调要"构建以培育思想政治学科核心素养为主导的活动型学科课程"，倡导"通过一系列活动以及结构化设计，实现'课程内容活动化''活动内容课程化'"。本节课的教学设计很好地贯彻了新课标这一思想，根据研学活动设计学生学习任务，如"我在颐和园当园长""给颐和园园长写封信"等，将活动内容和学科知识有机融合。

（3）贴近生活，创设情境。本节课在教学设计中，从学生生活的海淀区域出发，聚焦三山五园的文化内涵，选取颐和园等多个历史文化遗产，完整并深层剖析，在教学过程中，随着情境的展开，引导学生深度学习，这是本节课的另一个突出亮点。

（4）"一案到底"在突出课堂连贯性的同时，也存在它本身的局限性，即很难在一个案例中囊括教材涉及的所有内容。可以把三山五园作为主线的同时，再添加辅线，辅助教学内容的展开。

（5）考虑到课堂教学的内容容量，本节课主要以三山五园为背景，聚焦园林建筑等传统文化，较少涉及中华优秀传统文化在文学、艺术、哲学、科技等其他领域的体现，课时充足的情况下，还可以增加这部分的相关内容，丰富教学过程。

【专家点评】

评价作为教学活动中反馈教与学双方实践效果的环节，是大中小学思政课一体化建设中需要以系统思维加以深刻思考的关键问题。本课例以"文化传承与文化创新"为主题，选择相近的初中、高中两个学段进行联合，针对不同学段教学内容和学生主体的发展差异，探索全面、公正、有效的评价工具，以推动多元评价体系的构建。这一课例跳脱出常见的、具体教学主题的一体化设计思路，针对教学中的共性问题：如何有效、科学、多元地开展评价，具有视角上的创新性。

从课例设计来看，教师对教学评价进行了深入思考，并且设计了适合不同学段的"学习评价设计"。初中针对课堂参与、合作学习、学习效果三个维度，进行学生自评、组内互评、教师评价的多元主体协同评价，综合反映学生对"延续文化血脉"这一问题的掌握情况。高中通过课前调查、课堂观察、课后反馈，进行五星级评价，以综合反映学生对信息的调研能力、对中华优秀传统文化的理解能力、对中华优秀传统文化进行创造性转化和创新性发展的实践能力，是一次有益的教学探索。

（点评人：北京理工大学马克思主义学院　季雨）

参 考 文 献

[1] 习近平. 高举中国特色社会主义伟大旗帜 为全面建设社会主义现代化国家而团结奋斗——在中国共产党第二十次全国代表大会上的报告 [M]. 北京：人民出版社，2022.

[2] 张大均. 教育心理学（第三版）[M]. 北京：人民教育出版社，2015.

[3] 许瑞芳等. 新时代大中小学思政课一体化建设 [M]. 上海：华东师范大学出版社，2021.

[4] 吴丹，丁雅诵，闫伊乔. 不负重托办好学校思想政治理论课 [N]. 人民日报，2024-03-18（1）.

[5] 深化新时代学校思想政治理论课改革创新 [N]. 人民日报，2019-08-15（1）.

[6] 中央宣传部 教育部关于印发《新时代学校思想政治理论课改革创新实施方案》的通知 [J]. 中华人民共和国国务院公报，2021（9）：75-80.

[7] 石书臣. 以问题导向推进大中小学思想政治理论课一体化建设的思考 [J]. 思想理论教育，2020（5）：24-29.

[8] 孙全军. 以"八个相统一"为根本遵循 推进中小学法治教育守正创新 [J]. 中学政治教学参考，2022（22）：4-7.

[9] 韩震，何志攀. 大中小学德育一体化思路下的思政课建设——访北京师范大学韩震教授 [J]. 高校马克思主义理论研究，2021（1）：1-10.

[10] 刘力波，黄格. 大中小学思政课教材一体化建设面临的问题及破解路径 [J]. 马克思主义与现实，2020（2）：187-192.

[11] 张宜萱. 大中小学思政课教学一体化研究——以上海市为例 [D]. 上海：华东师范大学，2023.

[12] 张彦，蒲菁斐. 二十大精神融入大中小学思政课一体化：教学议题设置的意义、逻辑和建议 [J]. 思想政治课研究，2023（1）：16-25.

[13] 罗滨，支瑶，任兴来. 推进思政课一体化建设，落实立德树人根本任务 [J]. 北京教育（普教版），2022（6）：47-48+65-66.

[14] 马宝娟，张婷婷. 大中小学思政课一体化：问题与对策 [J]. 思想政治课教学，2020（2）：4-8.

[15] 郑益. "大思政"理念下大中小学思政课一体化教学案例库的构建及应用 [J]. 渤海大学学报（哲学社会科学版），2021（4）：113-116.

[16] 肖贵清. 论新时代思想政治理论课的制度化建设 [J]. 思想理论教育导刊，2021（4）：98-104.

[17] 余华，涂雪莲. 论大中小学思想政治理论课一体化建设的思维革新 [J]. 思想理论教育，2020（2）：68-72.

[18] 杨威，管金潞. 论大中小学思想政治理论课一体化的课程目标体系 [J]. 思想理论教育，2021（9）：69-75.

[19] 中华人民共和国教育部. 普通高中思想政治课程标准（2017年版2020年修订）[S]. 北京：人民教育出版社，2020.

[20] 中华人民共和国教育部. 义务教育道德与法治课程标准（2022年版）[S]. 北京：北京师范大学出版社，2022.